O Livro
dos Mortos
do Antigo
Egito

Tradução para o inglês:
E. A. Wallis Budge
Coordenação e introdução de John Baldock

O Livro
dos Mortos do Antigo Egito

Tradução:
Marcos Malvezzi

MADRAS®

Publicado originalmente em inglês sob o título *The Egyptian Book of the Dead*, por Arcturus Publishing Ltd.
© 2019, Arcturus Publishing Ltd.
©, Imagens: todas as pranchas do Papiro de Ani pertencem à Mary Evans Picture Library.
Direitos de edição e tradução para o Brasil.
Tradução autorizada do inglês.
© 2023, Madras Editora Ltda.

Editor:
Wagner Veneziani Costa *(in memoriam)*

Produção e Capa:
Equipe Técnica Madras

Tradução:
Marcos Malvezzi

Revisão da Tradução:
Marcelo Albuquerque

Revisão:
Jerônimo Feitosa
Arlete Genari

**Dados Internacionais de Catalogação na Publicação
(CIP)(Câmara Brasileira do Livro, SP, Brasil)**

Budge, E. A. Wallis
O livro dos mortos do antigo Egito/E. A. Wallis Budge; coordenação e introdução de John Baldock; tradução Marcos Malvezzi. – São Paulo: Madras, 2023.
6ª ed.

Título original: The Egyptian book of the dead ISBN 978-85-370-1230-7

1. Encantamentos egípcios 2. Ritos fúnebres e cerimônias – Egito 3. Vida futura I. Baldock, John.
II. Título.

19-30531   CDD-299.31

Índices para catálogo sistemático:
1. Livro dos Mortos: Religião egípcia antiga   299.31
Cibele Maria Dias – Bibliotecária – CRB-8/9427

É proibida a reprodução total ou parcial desta obra, de qualquer forma ou por qualquer meio eletrônico, mecânico, inclusive por meio de processos xerográficos, incluindo ainda o uso da internet, sem a permissão expressa da Madras Editora, na pessoa de seu editor (Lei nº 9.610, de 19/2/1998).

Todos os direitos desta edição, em língua portuguesa, reservados pela

MADRAS EDITORA LTDA.
Rua Paulo Gonçalves, 88 — Santana
CEP: 02403-020 — São Paulo/SP
Tel.: (11) 2281-5555 — (11) 98128-7754
www.madras.com.br

ÍNDICE

Introdução	6	PRANCHA 20	92
PRANCHA 1	12	PRANCHA 21	96
PRANCHA 2	16	PRANCHA 22	100
PRANCHA 3	18	PRANCHAS 23-24	104
PRANCHA 4	22	PRANCHA 25-26	108
PRANCHAS 5-6	25	PRANCHA 27	116
PRANCHAS 7-10	32	PRANCHA 28	120
PRANCHAS 11-12	50	PRANCHAS 29-30	124
PRANCHA 13	66	PRANCHAS 31-32	130
PRANCHA 14	69	PRANCHA 33	138
PRANCHA 15	72	PRANCHAS 33-34	140
PRANCHA 16	76	PRANCHA 35	146
PRANCHA 17	80	PRANCHAS 35-36	148
PRANCHA 18	84	PRANCHA 37	152
PRANCHA 19	88	Glossário	154

Introdução

Quando colocamos *O Livro dos Mortos do Antigo Egito* em seu contexto mais amplo, devemos nos lembrar de que a antiga civilização egípcia – o Egito dos faraós – existiu por muito mais de 3 mil anos, até o país ser anexado por Roma, por volta do ano 30 a.C. Períodos de tumultos e disputas políticas eram contrabalançados por tempos de paz e prosperidade, dos quais o mais significativo coincide com os períodos conhecidos como o Antigo Império (2650-2152 a.C.), o Médio Império (1986-1759 a.C.) e o Novo Império (1539-1069 a.C.). Foi durante o Novo Império que surgiu o *Livro dos Mortos* que conhecemos hoje, mas as ideias e crenças nele expostas já vinham evoluindo, aos poucos, nos 2 mil anos precedentes, ou até antes, moldadas por uma combinação da experiência cotidiana dos egípcios, a paisagem em que viviam e os eventos históricos. As cheias anuais do Nilo, das quais dependia a fertilidade da terra às margens do grande rio, e o movimento orbital do sol, da lua e das estrelas levaram à crença de que a vida seguia um padrão cíclico, recorrente. Além disso, parecia que o universo era governado por uma eterna ordem cósmica (*ma'at*) na qual tudo tinha seu lugar apropriado. Mesmo a vida humana, cujas fases principais de nascimento, juventude, idade adulta, velhice e morte se limitavam a um espectro aproximado de 35 anos, era parte integrante dessa ordem cósmica.

Assim como outras civilizações antigas, os egípcios expressavam suas crenças por meio de mitos em que as realizações dos deuses personificavam tanto os fenômenos visíveis quanto as forças invisíveis por trás dos padrões cíclicos que regiam o universo. Os mitos e a religião inspirados pelos deuses sofreram uma evolução considerável no decorrer dos milênios anteriores ao surgimento do *Livro dos Mortos*, influenciado em parte por mudanças no poder regional, mas também pelos sacerdotes que cuidavam dos templos e dos centros de culto nas cidades ao longo do Nilo. Entretanto, dois elementos permaneceram constantes: a proeminência dos diversos deuses associados ao sol (por exemplo, Hórus e Aton) e o papel central do rei ou faraó. Este fazia oferendas aos deuses em nome de seus súditos, e os deuses retribuíam dando vida a ele e a seu povo. Segundo o *Livro dos Mortos*, um acordo recíproco semelhante devia sustentar a vida dos falecidos após seu sepultamento.

Dentre os vários mitos deixados pelos antigos egípcios, um é particularmente relevante para o *Livro dos Mortos*: o mito de Osíris. A história completa é bastante extensa, mas seus elementos principais são os seguintes: a deusa do céu, Nut, e o deus da terra, Geb, tiveram quatro filhos: dois homens, Osíris e Set, e duas mulheres, Ísis e Néftis. Os irmãos se casaram com suas irmãs – Osíris e Ísis, Set e Néftis. O primeiro filho, Osíris, sucedeu a seu pai no trono do Egito. Osíris governou os egípcios primitivos com bondade e lhes proporcionou educação, estabelecendo, assim, as fundações da grandiosa civilização que se tornariam. Enciumado, Set assassinou Osíris, esquartejou seu corpo e espalhou os pedaços por toda a região do Egito, assumindo o trono no lugar dele. Ísis, com a ajuda da irmã, Néftis, e os deuses Anúbis e Toth, encontrou as partes do corpo de seu marido, juntou-as e mumificou o corpo, trazendo Osíris de volta à vida. Em vez de retornar à Terra, porém, ele se tornou o governante eterno do reino da vida após a morte, o Além ou Duat. Enquanto isso, Hórus, filho de Osíris e Ísis, vingou a morte do pai, derrotando Set, e se tornou rei no lugar de Osíris. Desde então, todos os faraós do Egito personificavam o espírito de Hórus, enquanto o pai falecido do faraó se tornou novo Osíris.

O *Livro dos Mortos*

O *Livro dos Mortos* desenvolveu-se a partir de uma longa tradição de textos funerários, cujos primeiros exemplos são conhecidos como os Textos das Pirâmides, pois foram escritos nas paredes das câmaras funerárias nas pirâmides do Antigo Império. O texto conhecido mais antigo foi descoberto na Pirâmide do rei Unas em Sacará, e remonta, aproximadamente, a 2345 a.C. O propósito dos Textos das Pirâmides era ajudar o faraó morto a conquistar seu lugar entre os deuses; para esse fim, eles incluíam hinos, orações e encantamentos mágicos para afastar os perigos encontrados na vida após a morte. A princípio, esses meios eram de uso exclusivo da realeza, mas nos anos decadentes do Antigo Império, o direito de sua utilização foi assumido pelos governadores regionais e outros funcionários de alta patente. Uma nova coletânea de textos funerários surgiu no Médio Império – os Textos dos Sarcófagos, que, como indica o nome, eram escritos na superfície interna de caixões de madeira. Esses textos incluíam encantamentos extraídos dos Textos das Pirâmides, além de muitas composições novas. Alguns incluíam ilustrações. Quando os esquifes retangulares de madeira mudaram de forma para seguir os contornos do corpo mumificado, os textos passaram a ser escritos em papiros, que eram enrolados e inseridos no ataúde com o morto. Milhares desses papiros foram produzidos no Novo Império, época em que o *Livro dos Mortos* já se tornara de uso corrente. O título *Livro dos Mortos* foi cunhado em 1842 pelo egiptólogo alemão Richard Lepsius, mas sugere-se que um título mais apropriado seria "Encantamentos para a ressurreição", porque o propósito era que o falecido voltasse são e salvo da tumba, em uma forma aperfeiçoada e espiritualizada. Hoje em dia, o termo "*Livro dos Mortos*" geralmente se refere ao conjunto inteiro de quase 200 capítulos ou encantamentos, dos quais se fez uma seleção para inclusões em papiros individuais. Embora o formato para a apresentação dos capítulos escolhidos fosse mais ou menos padronizado, a ordem em que se expunham variava de um papiro para outro.

O prolongamento da vida

Os antigos egípcios acreditavam que o ser humano individual era uma mistura de vários elementos – os *kheperu*, isto é, modos de manifestações da existência humana – que se desintegravam na morte. Esses elementos incluíam o corpo físico (*khat*); o coração (*ib*), que seria o trono da mente ou inteligência; o nome (*ren*), que constituía a individualidade do falecido, sendo essencial para sua existência na vida após a morte; a sombra (*shut*), também relacionada à individualidade do falecido, mas capaz de se separar do corpo e gozar de liberdade independentemente de movimento; a força vital ou espírito (*ka*), que permanecia na tumba com o corpo do falecido e era alimentada por um suprimento constante de oferendas; a alma ou espírito (*ba*), reproduzida em vinhetas como um pássaro pequeno com cabeça humana, que era livre para visitar o mundo dos vivos durante o dia, retornando à tumba ao pôr do sol. A desintegração desses diversos elementos era impedida por meio da mumificação do corpo, um processo que transformava o falecido em uma forma divina ou espiritual conhecida como *sah*.

Quando a múmia era colocada na tumba, acreditava-se que ela entraria no Duat ou o Além, onde passaria por dois cerimoniais: a "pesagem do coração" e a "abertura da boca". O primeiro ritual era uma espécie de julgamento da vida do falecido, no qual seu coração era posto no prato de uma balança, enquanto uma pena, simbolizando *Ma'at*, ficava no outro prato. A cerimônia era conduzida pelo deus com cabeça de chacal, Anúbis, e Toth, o deus com cabeça de íbis, que registrava o resultado. Se o coração passasse no teste da pesagem, o falecido prosseguia em sua passagem pelo Duat; se não passasse, era comido por Ammit, o monstro "Devorador". O segundo ritual era realizado por um sacerdote, que tocava a cobertura facial da múmia com um ou mais instrumentos cerimoniais, "desobstruindo" assim a boca, os olhos, ouvidos e narinas do morto, para que ele recuperasse o uso dessas faculdades. A abertura da boca tinha grande importância porque permitia ao falecido recitar os hinos e as orações escritos no papiro. Também lhe possibilitava chamar pelo nome os deuses que encontraria no Duat, respondendo corretamente aos seus questionamentos.

Outros objetos colocados na tumba com a múmia eram os vasos canópicos (que continham os órgãos internos preservados do morto), oferendas para os deuses, o *ka* e várias figuras pequenas (*shabits*) cuja função era auxiliar o falecido na execução de tarefas laboriosas na vida após a morte, como por exemplo, arar a terra nos Campos de Paz/Juncos.

Se os mortos seguissem as instruções nos papiros e recitassem os hinos e encantamentos, eles se tornariam um *akh* (um espírito abençoado) e, ao deixar a múmia na tumba, se reuniriam com os deuses Osíris e Rá.

O papiro de Ani

O papiro de Ani, que data por volta de 1275 a.C., foi encontrado em Tebas e comprado pelo Museu Britânico em 1888. Ani era "cuidador do viveiro duplo do senhor de Tawer", e sua esposa, Thuthu (ou Tutu), era membro do coro no Templo de Amon. O papiro de Ani é um dos mais longos manuscritos conhecidos do *Livro dos Mortos*, com 23,5 metros de comprimento, e contém mais de 60 capítulos ou encantamentos. Muitos desses capítulos são ilustrados com vinhetas profusamente coloridas que representam os diversos estágios da jornada de Ani pelo Duat, em direção ao Campo Paradisíaco de Juncos. A maior parte do texto é escrita em tinta preta, e tinta vermelha é usada para os títulos dos capítulos e para as instruções (rubricas) a serem seguidas pelos mortos. O papiro começa com Ani, acompanhado pela esposa, louvando o deus-sol Rá e Osíris, senhor e governante do Duat. As vinhetas subsequentes mostram as cerimônias da "pesagem do coração" e da "abertura da boca"; a procissão funeral de Ani e seu corpo mumificado sendo posto na tumba; e seus encontros com vários deuses no curso de sua jornada através do Duat. O papiro culmina com a chegada de Ani nos Campos de Paz (ou Juncos).

A tradução do papiro de Ani, apresentada nas páginas seguintes, foi feita por E. A. Wallis Budge, mantenedor do Departamento de Antiguidades Egípcias e Assírias entre 1894 e 1924. Além de expandir as coleções egípcias do museu, Budge escreveu muitos livros que ajudaram

Introdução

a estimular o interesse popular pelo antigo Egito. Sua tradução do papiro de Ani, publicada sob o título de *O Livro dos Mortos do Antigo Egito*, incluía uma coletânea de capítulos de outros manuscritos e numerosos apêndices, todos omitidos nesta edição. Ele também inseriu extensas notas de rodapé, algumas mantidas aqui, porém, encurtadas, às quais acrescentamos novas.

John Baldack

Prancha 1

O escriba Ani, com as mãos erguidas em adoração, diante de uma mesa de oferendas com carne, filões de pão e bolo, jarros de vinho e óleo, frutas, lótus e outras flores. Ele veste um traje de linho franjado, de cor branca e açafrão, e usa peruca, colar e braceletes. Atrás de Ani,

Prancha 1

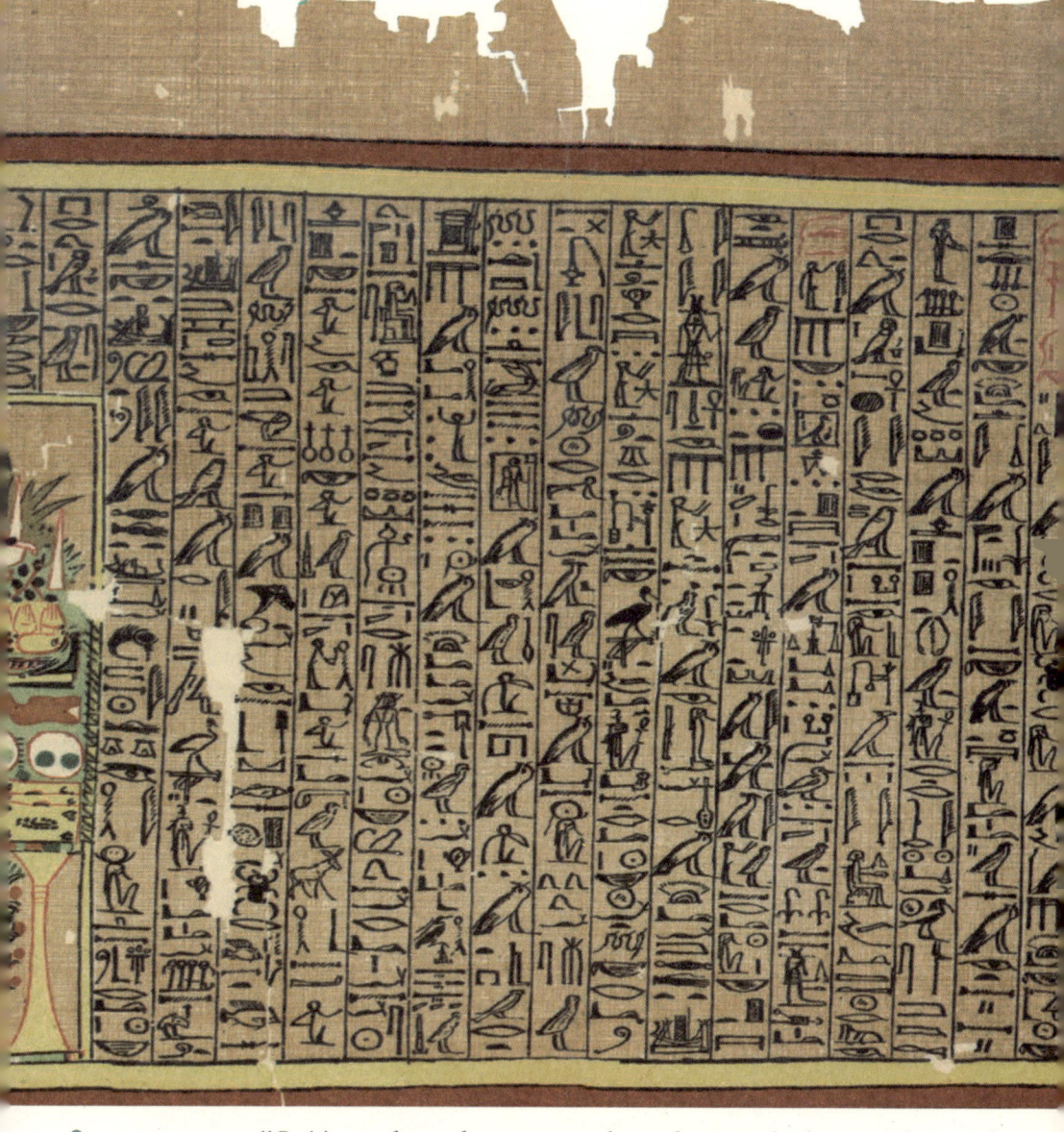

sua esposa "Osíris, senhora da casa, a senhora do coro de Amon, Thuthu", vestindo roupa semelhante e segurando um sistro e um galho na mão direita, e um *menat*, na esquerda.[1]

---

1. O sistro e o *menat* eram emblemas do posto de Thuthu como Membro do Coro de Amon. (ed.).

UM HINO DE LOUVOR A RÁ[2] QUANDO ELE SE ERGUE NA PARTE LESTE DO FIRMAMENTO contempla Osíris Ani, o escriba, que registra as oferendas sagradas de todos os deuses, e que diz: "Honras a ti, ó tu que vieste como Khepri,[3] Khepri, o criador dos deuses. Tu te levantas, brilhas e iluminas tua mãe [Nut],[4] coroado rei dos deuses. [Tua] mãe Nut te honra com ambas as mãos. A terra de Manu[5] te recebe com júbilos, e a deusa Maat[6] te abraça nas duas estações. Que ele dê esplendor e poder e triunfo e o retorno como alma viva para ver Hórus dos dois horizontes ao *ka* de Osíris,[7] o escriba Ani, triunfante diante de Osíris, que disse: Louvados sejam os deuses do Templo da Alma, que pesam na balança céu e terra, e que fornecem comida e abundância de carne.

Louvado seja Tatumen, Um, criador da humanidade e da substância dos deuses do Sul e do Norte, do Oeste e do Leste. Fazei [vós] louvores a Rá, o senhor do céu, o Príncipe, Vida, Saúde e Força, o Criador dos deuses, e adorai a ele em sua belíssima Presença, quando se ergue no barco *atet*.[8] Aqueles que habitam as alturas e aqueles que habitam as profundezas veneram a ti. Toth[9] e Maat registram teus feitos. Teu inimigo[10] é lançado ao fogo, o maligno caiu; seus braços estão atados e suas pernas Rá as tirou. Os filhos da revolta impotente jamais se levantarão de novo. A Casa do Príncipe[11] festeja, e o som dos que se rejubilam se espalha pela morada poderosa. Os deuses se alegram [quando] veem Rá se erguer; seus raios enchem o mundo de luz. A majestade do deus, que deve ser temido, se adianta e entra na região de Manu; ele ilumina a terra sempre que nasce a cada dia; ele volta ao lugar onde esteve ontem. Ó, que

---

2. Rá era a deidade solar proeminente dos antigos egípcios desde os primeiros tempos. Posteriormente, foi combinado com o deus-sol Hórus como Ra-Horakhty ("Rá, que é Hórus dos Dois Horizontes"), e também com Amon, o "rei dos deuses", como Amon-Rá. Rá costuma ser representado em forma humana, às vezes com a cabeça de um falcão, às vezes sem. (ed.)
3. O deus Khepri é uma fase do sol noturno, na 12ª hora da noite, quando ele "se torna" o sol nascente.
4. A deusa Nut representava o céu, e talvez também o local exato onde o sol nascia.
5. Manu é o nome dado às montanhas na margem oeste do Nilo, de frente para Tebas, onde se situava o local principal das tumbas escavadas em rochas.
6. Maat, "filha do Sol e rainha dos deuses", é a personificação da probidade, verdade e justiça.
7. "Hórus dos dois horizontes" é o sol diurno desde o nascer, no horizonte leste, até se pôr no horizonte oeste. A palavra *ka* significa "imagem" (geralmente associada à força vital). O morto é sempre identificado como Osíris, ou sol poente. Assim como o sol se põe no oeste e nasce de novo no leste, o morto se deita em sua tumba na margem oeste do Nilo.
8. Um nome do barco do sol noturno.
9. Toth era o escriba dos deuses e a personificação da inteligência divina. Sua esposa era a deusa Maat. (ed.)
10. O inimigo de Rá era a escuridão e a noite, ou qualquer nuvem que obscurecesse a lua do sol.
11. O grande templo de Rá em Heliópolis.

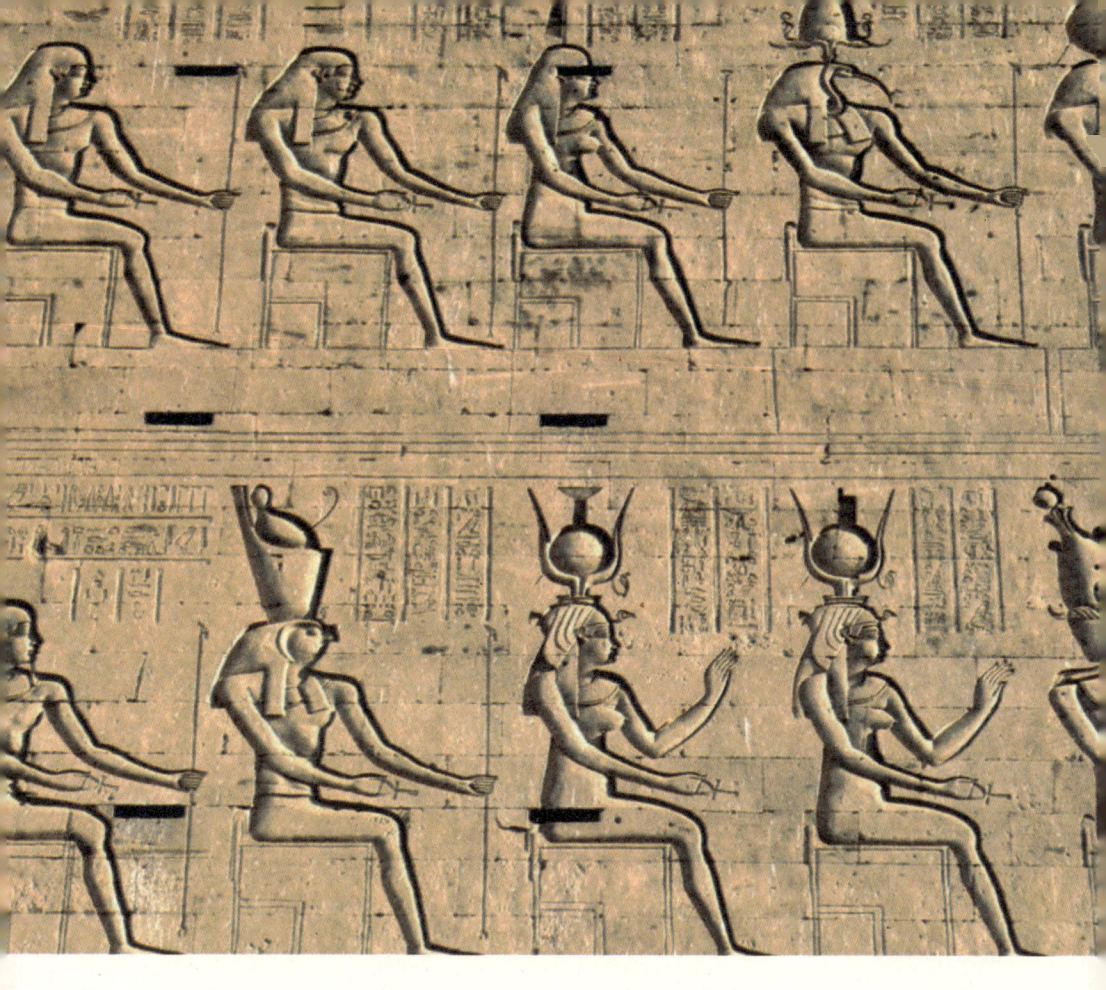

tu estejas em paz comigo; que eu contemple tuas belezas; que eu progrida sobre a terra; que eu golpeie o Asno; que eu massacre o maligno; que eu destrua Apep[12] em sua hora; que eu veja o peixe *abtu* no momento de sua criação, e o peixe *ant* em sua criação, e o barco *ant* em seu lago.[13]

Que eu veja Hórus cuidando do leme, com Toth e Maat ao seu lado; que eu segure a proa do barco *seket*[14] e a popa do barco *atet*. Que ele conceda ao *ka* de Osíris Ani contemplar o disco do Sol e o Deus-lua sem cessar, todos os dias; e que minha alma se levante e caminhe para onde quiser. Que meu nome seja proclamado quando o encontrarem sobre a mesa de oferendas; que sejam feitas oferendas a mim em minha presença, assim como são feitas aos seguidores de Hórus; e que seja preparado para mim um lugar no barco do Sol no dia da vinda do deus; e que eu seja recebido na presença de Osíris na terra do triunfo!"

12. Apep, a serpente, personifica a escuridão, que Hórus ou o sol nascente deve conquistar antes de reaparecer no leste.
13. Os peixes *abtu* e *ant* às vezes são reproduzidos em sarcófagos, nadando na proa do barco do sol.
14. Um nome do barco do sol nascente.

Prancha 2

O disco do Sol, sustentado por um par de braços que vêm do *ankh*, o signo da vida, que por sua vez é sustentado por um *tet*, o emblema do Leste e do deus Osíris. O *tet* posiciona-se sobre o horizonte. A cada lado do disco se encontram três macacos com cabeça de cão, espíritos do Amanhecer, braços erguidos em adoração ao disco. Do lado direito do *tet* está a deusa Néftis e do esquerdo Ísis; as duas deusas erguem as mãos em adoração ao *tet*, e se ajoelham sobre o emblema *aat*, ou hemisfério. Acima está o céu. Essa vinheta pertence ao hino do sol nascente.

HINO A OSÍRIS

GLÓRIA A Osíris Un-nefer, o grande deus em Abidos, rei da eternidade, senhor do eterno, cuja existência se estende há milhões de anos. Filho mais velho do ventre de Nut, gerado por Seb (Geb), senhor das coroas do Norte e do Sul, senhor da imponente coroa branca. Como príncipe de deuses e homens, ele recebeu o cajado e o mangual e a dignidade de seus pais divinos.[15] Que teu coração, na montanha de Amenta,[16] se rejubile, pois teu filho Hórus senta em teu trono. Tu foste coroado senhor de Tattu e governante em Abtu.[17] Por teu intermédio, o mundo verdeja em triunfo diante do poder de Neb-er-tcher.[18] Ele conduz em seu cortejo aquilo que existe e que ainda não existe, em seu nome Ta-her-seta-nef;[19] ele se arrasta pela terra, em triunfo, com seu nome Seker.[20] Ele é excessivamente poderoso e terrível em seu nome Osíris. Vive para sempre em seu nome Un-nefer.[21] Louvor a ti, Rei dos reis, Senhor dos senhores, Príncipe dos príncipes, que do ventre de Nut tomaste posse do mundo e governas todas as regiões e Akert.[22] Teu corpo é de ouro, tua cabeça de safira, e a luz da esmeralda te envolve. Ó An[23] de milhões de anos, que tudo permeias com teu corpo e és belo de semblante em Ta-sert. Concede ao ka de Osíris, o escriba Ani, esplendor no céu e poder na Terra e triunfo em Neter-khert; e que veleje até Tattu como alma viva e até Abtu como um *bennu* (fênix); e que possa entrar e sair sem repulsa nas torres do Tuat. Que me sejam dados filões de pão na casa do frescor, e oferendas de comida em Annu, e uma morada eterna em Seket-Aru,[24] com trigo e cevada.

---

15. Osíris, o sol noturno, era o filho de Rá, e o pai e filho de Hórus. Ele é sempre representado como uma múmia tendo nas mãos o cetro, o cajado e o mangual.
16. O local das tumbas na margem oeste do Nilo.
17. Tanto Busiris [Tattu or Tettet] e Abidos [Abtu] eram supostamente o local de repouso do corpo de Osíris.
18. Um nome de Osíris quando seus membros esquartejados foram recolhidos e reconstituídos em seu corpo por Ísis e Néftis. O nome significa "deus da inteireza".
19. "Aquele que arrasta o mundo".
20. Seker é uma forma do sol noturno.
21. Um nome de Osíris.
22. Akert, Ta-sert, Neter-khert e Taut (ou Duat) são todos nomes do submundo, o reino do qual Osíris era o príncipe. (ed.)
23. An ou Ani, um nome ou forma de Rá, o deus-sol.
24. Uma divisão dos "Campos de Paz" (ver Prancha 35) ou "Campo de Juncos", o reino paradisíaco onde as almas abençoadas deveriam colher e plantar. (ed.)

Prancha 3

Cena da Pesagem do Coração dos Mortos. Ani e sua esposa entram na Sala da Dupla Lei ou Verdade, onde o coração, emblemático da consciência, será pesado na balança contra uma pena, emblema da paz. Acima, 12 deuses, cada um com um cetro, se sentam em tronos diante de uma mesa de oferendas de frutas, flores, etc. Seus nomes são: Harmachis, "o grande deus em seu barco"; Tmu; Shu; Tefnut, "senhora do céu"; Seb; Nut, "senhora do céu"; Ísis; Néftis; Hórus, "o grande deus"; Hathor; "senhora de Amenta"; e Sa. No topo da haste da balança se senta o macaco com cabeça de cão, que era associado a Toth, o escriba dos deuses. O deus Anúbis, com cabeça de chacal, testa a língua da balança, o apêndice suspenso do qual se origina a forma da pena. A inscrição acima da cabeça de Anúbis significa: "Aquele que está no ventre diz: rogamos-te, ó pesador de justiça, que guies (?) o equilíbrio para que ele possa ser estabelecido". À esquerda da balança, de frente para Anúbis, se encontra a "Sorte" ou "Destino" de Ani, *Shai*, e acima o objeto chamado *meskhen*, descrito como "um cúbito com cabeça humana" e que estaria ligado com o local de nascimento. Atrás destes, posicionam-se as deusas Meskhenet e Renenet: a primeira presidindo a câmara de nascimento e a segunda provavelmente vigilante da criação das crianças. Atrás do *meskhen* está a alma de Ani na forma de um pássaro com cabeça humana, pousado sobre um mastro. À direita da

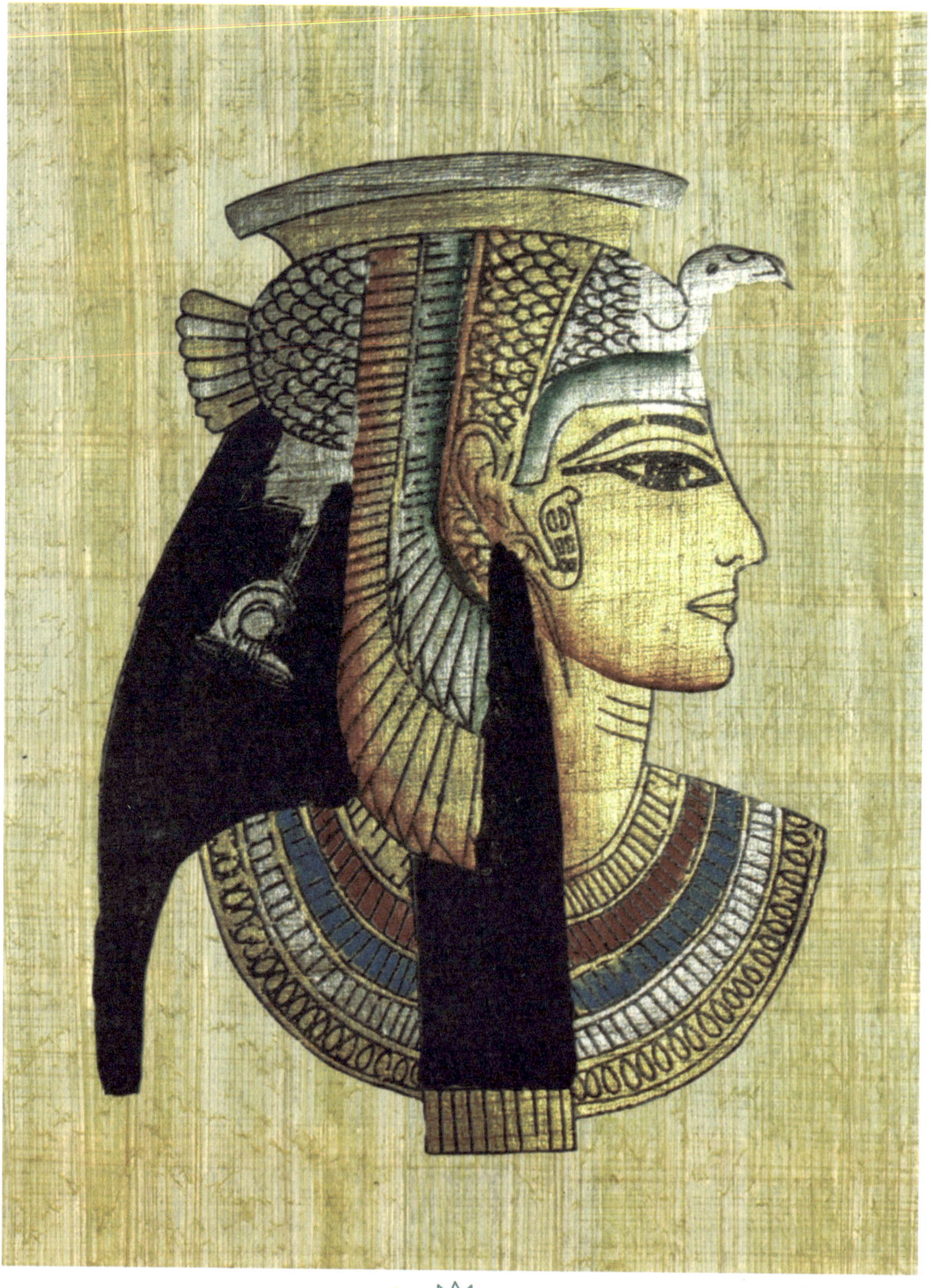

balança, atrás de Anúbis, vê-se Toth, o escriba dos deuses, com a pena de caniço e paleta contendo tinta preta e vermelha, com as quais registra o resultado do julgamento. Atrás de Toth se encontra o monstro feminino Aman, o "Devorador", ou Ammit, o "comedor dos mortos".[25]

OSÍRIS, O ESCRIBA Ani diz: "Meu coração minha mãe, meu coração minha mãe, meu coração minha existência! Que nada me ofereça resistência em [meu] julgamento; que não haja oposição a mim por parte de *Tchatcha*;[26] que eu não me afaste de ti na presença daquele que maneja a balança! Tu és meu *ka* em meu corpo [que] tece e fortalece meus membros. Que tu alcances o local de felicidade para o qual avanço. Que o *Shenit*[27] não denigra meu nome, e que nenhuma mentira seja dita contra mim na presença do deus! Que bom é que tu ouças..."[28]

Toth, o juiz correto da grande assembleia de deuses que estão na presença do deus Osíris, diz: "Escutai este julgamento. Em verdade, foi o coração pesado de Osíris, e sua alma se coloca como sua testemunha; foi considerada verdadeira por meio do julgamento na Grande Balança. Nenhuma maldade foi encontrada nele; ele não desperdiçou as oferendas nos templos; seus feitos nunca causaram mal; e enquanto esteve na Terra, não proferiu palavras de perversidade".

A grande assembleia dos deuses responde a Toth, que habita Khemennu: "O que vem de tua boca foi assim obedecido. Osíris, o escriba Ani, triunfante, é sagrado e correto. Não pecou nem cometeu perjúrio contra nós. Que não seja lançado ao devorador Ammit para ser comido. A ele serão concedidas oferendas de carne e acesso à presença do deus Osíris, além de uma morada eterna em Sekhet-hetepu, como a todos os seguidores de Hórus".

---

25. Ammit tem o traseiro de um hipopótamo, as pernas de um leão e a cabeça de um crocodilo. Ela devorava os mortos cujo coração pesava negativamente na balança. (ed.)
26. Os quatro deuses dos pontos cardeais: Mestha, Hapi, Tuamautef e Qebhsennuf.
27. Uma classe de seres divinos.
28. Essa frase parece inacabada.

Prancha 4

Ani, considerado justo, é conduzido à presença de Osíris. À esquerda, o deus com cabeça de falcão, Hórus, filho de Ísis, portando

a coroa dupla do Norte e do Sul, conduz Ani pela mão em direção a
Osíris, o "senhor da eternidade", sentado em seu trono, à direita, dentro de um santuário na forma de uma urna funerária. O deus tem uma
coroa *atef* com plumas; um *menat* desce da parte de trás de seu pescoço;
e ele segura o cajado, o cetro e o mangual, emblemas de soberania e

domínio. Está envolto em bandagens com escamas. A lateral do trono é pintada de forma a lembrar as portas da tumba. Atrás de Osíris se encontram Néftis, à sua direita, e Ísis à esquerda. De frente para ele, em pé sobre uma flor de lótus, estão os quatro "filhos de Hórus (ou Osíris)", ou deuses dos pontos cardeais. O primeiro, Mestha, tem cabeça de homem; o segundo, Hapi, tem cabeça de macaco; o terceiro, Tuamautef, tem cabeça de chacal; e o quarto, Qebhsennuf, tem cabeça de falcão. Suspenso, perto do lótus, está um objeto que costuma ser chamado de pele de pantera, mas que, provavelmente, seria pele de boi.

O telhado do santuário é sustentado por pilares com flores de lótus e encimado por uma figura de Hórus-Sept ou Hórus-Seker, além de fileiras de ureus.[29]

No centro, Ani se ajoelha diante do deus em um tapete de juncos, erguendo a mão direita em adoração, e segurando, com a mão esquerda, o cetro *kherp*. Ele usa uma peruca esbranquiçada sobreposta por um "cone", cujo significado é desconhecido. Em volta do pescoço há um colar largo de pedras preciosas. Perto de Ani se encontra uma mesa de oferendas de carne, frutas, flores, etc., e nos compartimentos acima há numerosos recipientes para vinho, óleo, cera, etc., além de pão, bolos, patos, uma guirlanda e flores.

> DIZ HÓRUS, O FILHO DE ÍSIS: "Vim até ti, ó Unnefer, e trouxe Osíris Ani. Seu coração é [considerado] justo, na balança, e não pecou contra os deuses e deusas. Toth o pesou de acordo com o decreto proferido pela assembleia dos deuses; e é um coração muito verdadeiro e justo. Concede-lhe bolos e cerveja; e deixa que ele entre na presença de Osíris; e que ele seja como as flores de Hórus para sempre".
>
> Contempla, diz Osíris Ani: "Ó Senhor de Amentet (o submundo), estou em tua presença. Não há pecado em mim. Não menti por intenção, tampouco agi com falsidade no coração. Permite que eu seja como os favorecidos que se reúnem à tua volta, e que possa ser um Osíris, em plena graça do belo deus e amado senhor do mundo, o verdadeiro escriba real, que o ama, Ani, triunfante diante do deus Osíris".

---

29. Cobras em posição de bote.

Pranchas 5-6

A procissão fúnebre até a tumba, visível em toda a extensão das Pranchas 5 e 6. No centro da Prancha 5, a múmia do morto é vista deitada em uma urna ou santuário, por cima de um barco com remadores e puxado por bois. No barco, diante da cabeça e atrás dos pés da múmia estão dois modelos de Néftis e Ísis. Ao lado, ajoelha-se Thuthu, esposa de Ani, lamentando-se. Na frente do barco está o sacerdote Sem,[30] queimando incenso em um incensário e despejando uma libação de um vaso; ele veste um traje característico, e uma pele de pantera. Oito pranteadores seguem o cortejo, um deles com os cabelos esbranquiçados.

[30] Um sacerdote do deus Ptah em Ménfis. (ed.)

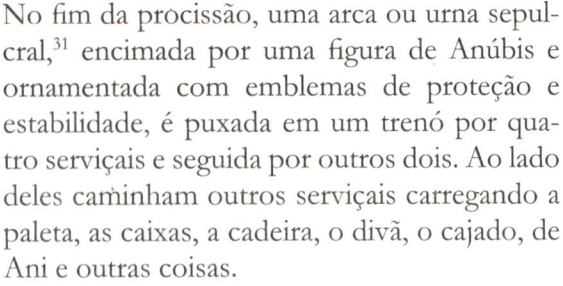

No fim da procissão, uma arca ou urna sepulcral,[31] encimada por uma figura de Anúbis e ornamentada com emblemas de proteção e estabilidade, é puxada em um trenó por quatro serviçais e seguida por outros dois. Ao lado deles caminham outros serviçais carregando a paleta, as caixas, a cadeira, o divã, o cajado, de Ani e outras coisas.

Na Prancha 6 (ver páginas 30-31), a procissão continua até a tumba. No centro há um grupo de mulheres em pranto, seguidas por serviçais com parelhas de flores, vasos de unguentos, etc. À direita do centro aparecem uma vaca e seu bezerro, cadeiras de madeira pintada, flores sobre elas e um serviçal com a cabeça raspada, portando uma peça de carne recém-cortada para o banquete funerário. O grupo à direita executa os ritos finais. Diante da porta da tumba, posiciona-se, ereta, a múmia de Ani, a fim de receber as últimas honrarias; atrás dele, abraçando-o, se destaca Anúbis, o deus da tumba; e a seus pés, na frente, ajoelha-se Thuthu para dar o último adeus ao corpo do marido. Diante de uma mesa de oferendas estão dois sacerdotes: *Sem*, que traja uma pele de pantera, segurando na mão direita um vaso de libação e, na mão esquerda, um incensário; e o outro sacerdote traz um instrumento na mão direita,[32] com o qual deverá tocar a boca e os olhos da múmia, e na mão esquerda um instrumento para a "abertura da boca". Atrás ou ao lado deles, no chão, em uma fileira, estão os instrumentos empregados na cerimônia de "abertura da boca", etc.; o *mesxet*, a caixa sepulcral, as caixas de purificação, os motivos decorativos, os

---

31. Possui forma semelhante às urnas onde ficavam os quatro recipientes contendo os intestinos mumificados do morto.
32. Esse instrumento se chama *ur hekau*, e é feito de um pedaço sinuoso de madeira, com uma extremidade em forma de cabeça de cordeiro, encimada por um ureu.

vasos de libação, a pena de avestruz e os instrumentos chamados *Seb-ur*, *Temanu* ou *Tun-tet*, e o *Pesh-en-kef*. O sacerdote *Kher-heb* se posiciona atrás, lendo em um papiro a pregação dos mortos.

AQUI COMEÇAM OS CAPÍTULOS DA RESSURREIÇÃO, E DOS CÂNTICOS DE LOUVOR E GLÓRIA, E DA VINDA E DA IDA AO GLORIOSO NETER-KHERT NA BELEZA DE AMENTA; A SEREM RECITADOS NO DIA DO SEPULTAMENTO: A ENTRADA APÓS A RESSURREIÇÃO. OSÍRIS ANI, Osíris, o escriba Ani, diz: "Honras a ti, ó touro de Amenta; Toth, o deus da eternidade-se, está comigo. Sou o grande deus no barco do Sol; lutei por ti. Sou um dos deuses, aqueles príncipes pios[33] que fazem Osíris triunfar sobre seus inimigos no dia da pesagem das palavras. Sou teu mediador, ó Osíris. Sou [um] dos deuses nascidos de Nut, aqueles que destroem os inimigos de Osíris e, por ele, encarceram o vilão Sebau. Eu sou teu mediador, ó Hórus. Lutei por ti, afugentei o inimigo por teu nome. Sou Toth, que fez Osíris triunfar sobre seus inimigos no dia da pesagem das palavras na grande Morada do poderoso Ancião em Annu.[34] Sou Tetteti,[35] fui concebido em Tattu, nasci em Tattu. Estou com aqueles que choram e com as mulheres que lamentam Osíris na terra dupla (?) de Rechnet; e faço Osíris triunfar sobre seus inimigos. Rá ordenou a Toth que fizesse Osíris triunfar sobre seus inimigos; e o que foi solicitado, Toth cumpriu. Estou com Hórus no dia de vestir Teshtesh[36] e de abrir os celeiros de água para a purificação do deus cujo coração não se move, e de destrancar a porta das coisas ocultas em Re-stau.[37] Estou

---

33. Mesha, Hapi, Tuamautef, Qebhsennuf, os deuses dos pontos cardeais.
34. Um nome do templo de Rá em Heliópolis.
35. O deus de Tettetu [ou Tattu], ou Busiris, uma cidade que, acreditavam, continha o corpo de Osíris.
36. Um nome de Osíris.
37. "A porta das passagens da tumba."

com Hórus, que guarda o ombro esquerdo de Osíris em Sekhem,[38] e entro e saio das chamas divinas no dia da destruição dos inimigos em Sekhem. Estou com Hórus no dia dos festivais de Osíris, fazendo as oferendas no sexto dia do festival, [e no] festival Tenat em Annu. Sou sacerdote em Tattu, Rere (?) no templo de Osíris, [no dia da] escavação da terra.[39] Vejo as coisas que estão ocultas em Re-stau. Leio o livro do festival da Alma [que está] em Tattu. Sou o sacerdote *Sem* e cumpro sua vocação. Sou o grande chefe da obra[40] no dia da acoplagem do barco de Seker no trenó.[41] Agarrei a pá no dia de cavar o solo em Suten-he-nen. Ó vós que fazeis com que as almas perfeitas entrem no Palácio de Osíris, tornai a alma perfeita de Osíris, o escriba Ani, vitoriosa [na Sala da Dupla Verdade], para que entre convosco na morada de Osíris. Que ele ouça como vós ouvis; que enxergue como vós enxergais; que se erga como vós vos ergueis; que repouse como vós repousais!

"Ó vós que dais pão e cerveja às almas perfeitas no Palácio de Osíris, dai pão e cerveja nas duas estações à alma de Osíris Ani, o vitorioso diante de todos os deuses de Abtu, e que é vitorioso convosco.

"Ó vós que abris o caminho e a trilha para as almas perfeitas no Palácio de Osíris, abri o caminho e a trilha para a alma de Osíris, o escriba e atendente de todas as oferendas divinas, Ani [que é triunfante] ao vosso lado. Que ele entre com o coração valente e renasça em paz desde a morada de Osíris. Que não seja rejeitado, não seja mandado de volta, que entre [como] lhe convém, que renasça [como] deseja, e que seja vitorioso. Que seu pedido seja feito na morada de Osíris; que ele caminhe e fale convosco, e que seja uma alma glorificada ao vosso lado. Pois lá foi ele considerado perfeito e a Balança o aprovou em [seu] julgamento".

---

38. De acordo com um texto em Edfu, o pescoço de Osíris estava preservado ali.
39. "Escavação da terra" significa o dia de cavar a sepultura.
40. O nome do sumo sacerdote de Ptá em Mênfis.
41. O dia do festival de Seker era comemorado nos diversos santuários do Egito, durante a madrugada, "no momento em que o sol projeta seus raios dourados sobre a Terra". O barco *hennu* era puxado até o santuário.

CAPÍTULO EM QUE OSÍRIS ANI, O ESCRIBA E CONFERENTE DAS OFERENDAS SAGRADAS DE TODOS OS DEUSES, RECEBE UMA BOCA. QUE ELE SEJA VITORIOSO EM NETER-KHERT! "Surjo do ovo na terra oculta. Que eu receba uma boca para poder falar diante do grande deus, o senhor do submundo. Que minha mão e meu braço não sejam torcidos pelos ministros sagrados de nenhum deus. Sou Osíris, o senhor da boca da tumba; e Osíris, o vitorioso escriba Ani, é parte daquele que está no alto das escadarias. Pelo desejo de meu coração, vim do Lago de Fogo e o sequei. Honra a ti, ó senhor do brilho, tu que lideras a Grande Morada, e tu que habitas a noite e a densa escuridão; venho até ti. Sou glorioso, sou puro; meus braços te sustentam. Uma parte de ti ficará com aqueles que já se foram. Ó, concede-me uma boca para que eu possa falar; e que possa seguir meu coração quando ele atravessar fogo e trevas".

RUBRICA: Se este escrito for conhecido [pelo morto] sobre esta terra, e este capítulo se escrever em cima de [seu] esquife, ele ressuscitará em todas as formas de existência que desejar, e entrará em [seu] lugar sem ser rejeitado. Pão e cerveja e carne serão dados a Osíris, o escriba Ani, sobre o altar de Osíris. Ele entrará nos Campos de Aaru em paz,

para ouvir o pedido daquele que habita Tatty; trigo e cevada ser-lhe-ão dados; lá ele prosperará como fazia na terra; ele fará o que bem entender, assim como [fazem] os deuses que se encontram no submundo, por milhões de eras, um mundo sem fim.

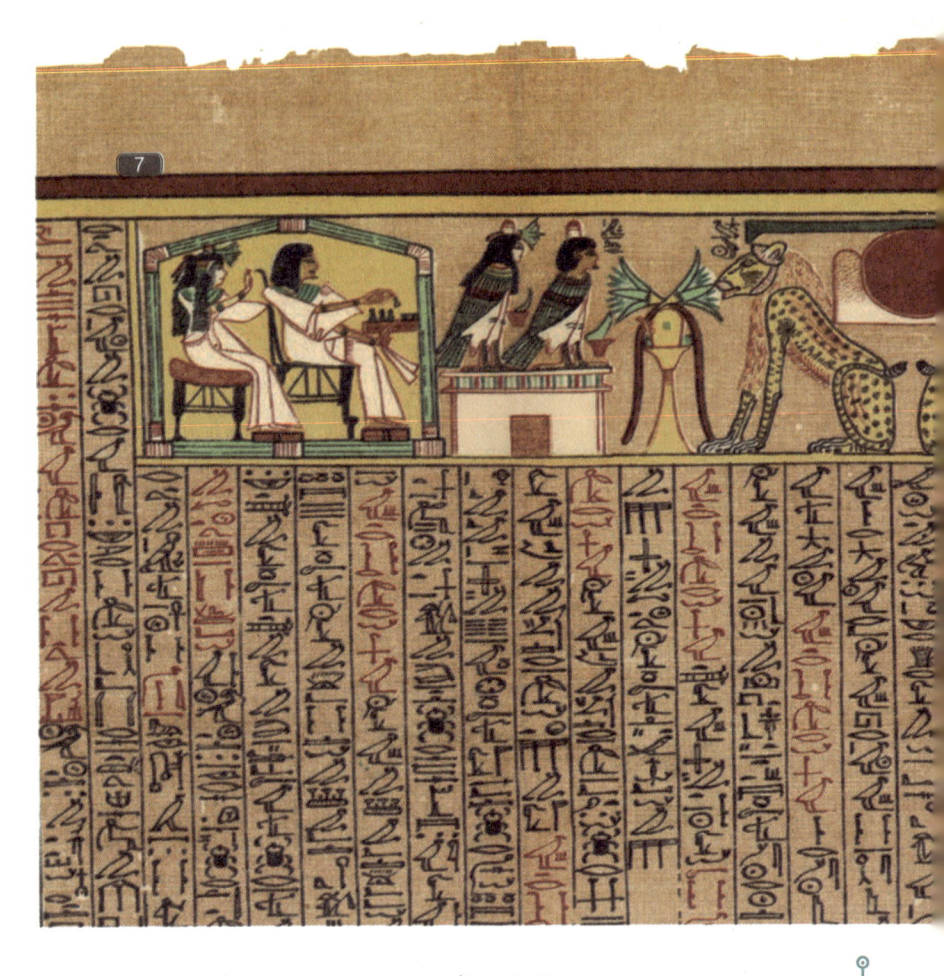

Pranchas 7-10

A vinheta dessas pranchas, formando uma única composição, aparece ao longo da parte superior do texto. Os temas constam ao lado de cada prancha:

Prancha 7

1. Ani e esposa na sala *seh*; ele move uma peça sobre um tabuleiro.

2. As almas de Ani e de sua esposa em pé sobre um edifício em forma de pilone. Os hieróglifos ao lado da alma de Ani dizem "a alma de Osíris".

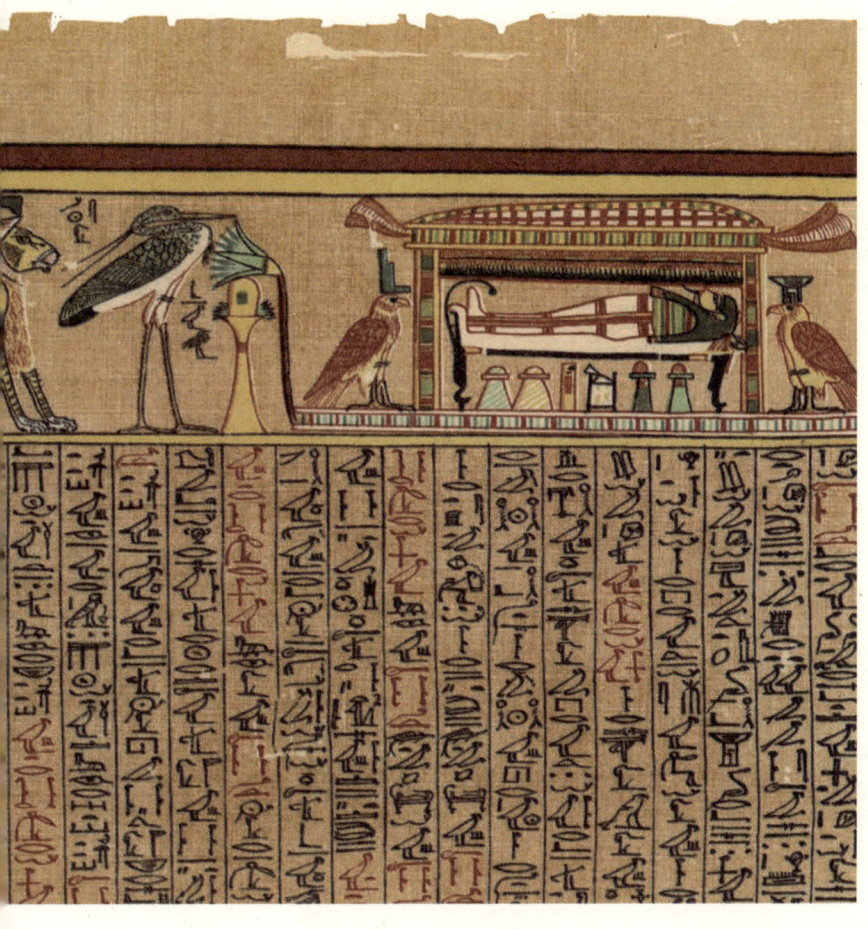

3. Uma mesa de oferendas, sobre a qual estão colocados um vaso de libação, plantas e flores de lótus.

4. Dois leões sentados de costas um para o outro e sustentando o horizonte, acima do qual se estende o céu. O leão à direita é chamado de "Ontem", e o da esquerda de "Amanhã".

5. O pássaro *bennu*,[42] e uma mesa de oferendas.

6. A múmia de Ani deitada em uma liteira dentro de uma urna funerária; a cabeça e os pés são Néftis e Ísis na forma de falcões. Embaixo da liteira há vasos pintados que imitam mármore colorido ou vidro, um caixão funério, a paleta de Ani, etc.

---

42. Os escritores gregos chamavam esse pássaro de fênix, e os egípcios o consideravam a alma tanto do deus-sol Rá quanto de Osíris. (ed.)

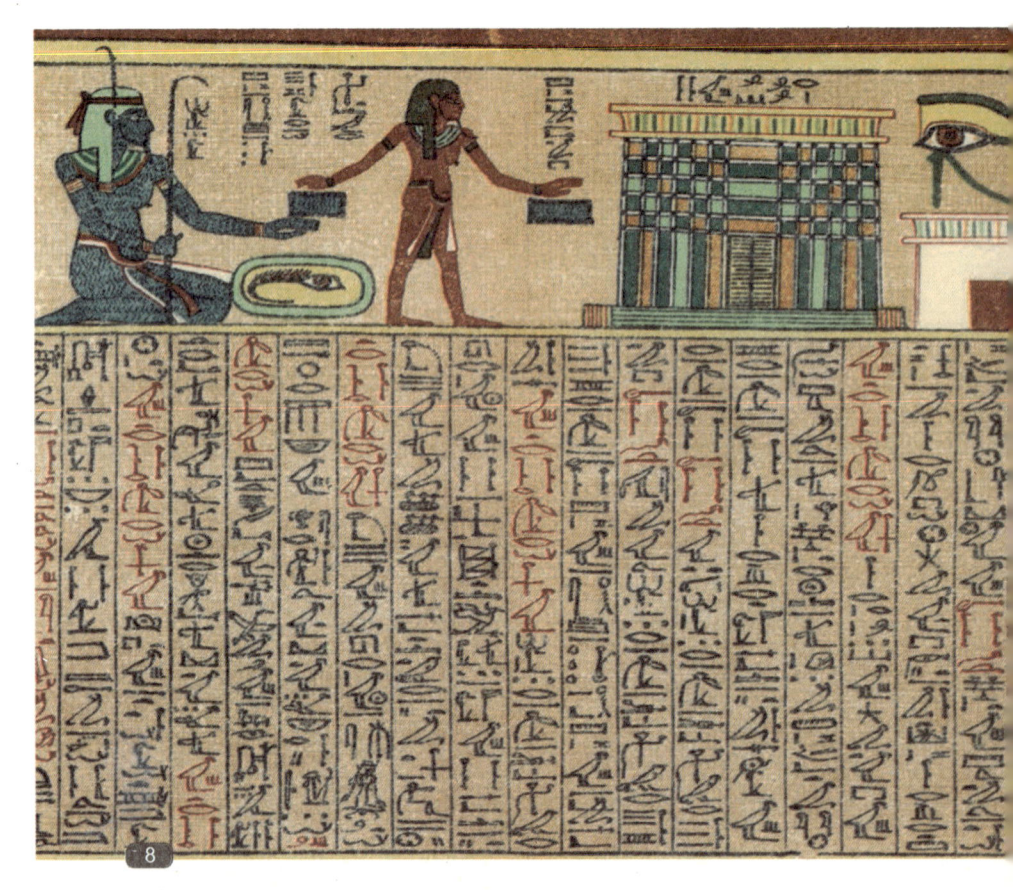

Prancha 8

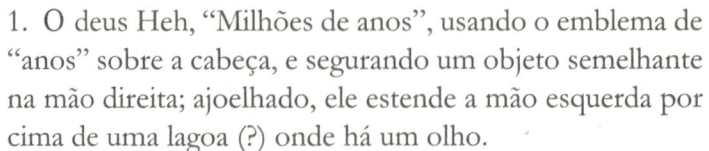

1. O deus Heh, "Milhões de anos", usando o emblema de "anos" sobre a cabeça, e segurando um objeto semelhante na mão direita; ajoelhado, ele estende a mão esquerda por cima de uma lagoa (?) onde há um olho.

2. O deus Uatch-ua, "Grande Água Verde", com cada mão estendida sobre uma lagoa; a que está sob sua mão direita se chama *She en hesmen*, "Lago de Natro", e a outra, sob a mão esquerda, é *She en Maaat*, "Lago de Nitro" (*ou* Sal).

3. Um pilone com portas, chamado Re-stau, "Portão das passagens funerais".

4. O *utchat* olhando para a esquerda, acima de um pilone.⁴³

5. A vaca Mehurt Maat Rá, "Mehurt, o olho de Rá", com um mangual e, sobre a cabeça, um disco e chifres, e em volta do pescoço a coleira e *menat*.

6. Uma urna funerária da qual surgem a cabeça e os dois braços e mãos de Rá, cada mão portando o emblema da vida. A urna, chamada de aat Abtu, "o distrito de Abidos", ou "o cemitério do Leste", tem nos lados figuras dos quatro filhos de Hórus, que protegem os intestinos de Osíris, ou do falecido. À esquerda, Tuamautef e Qebhsennuf, e à direita, Mestha e Hapi.

---

43. O *utchat* ou *wedjat* (o "olho de Hórus" simbólico) era uma proteção contra o mal. (ed.)

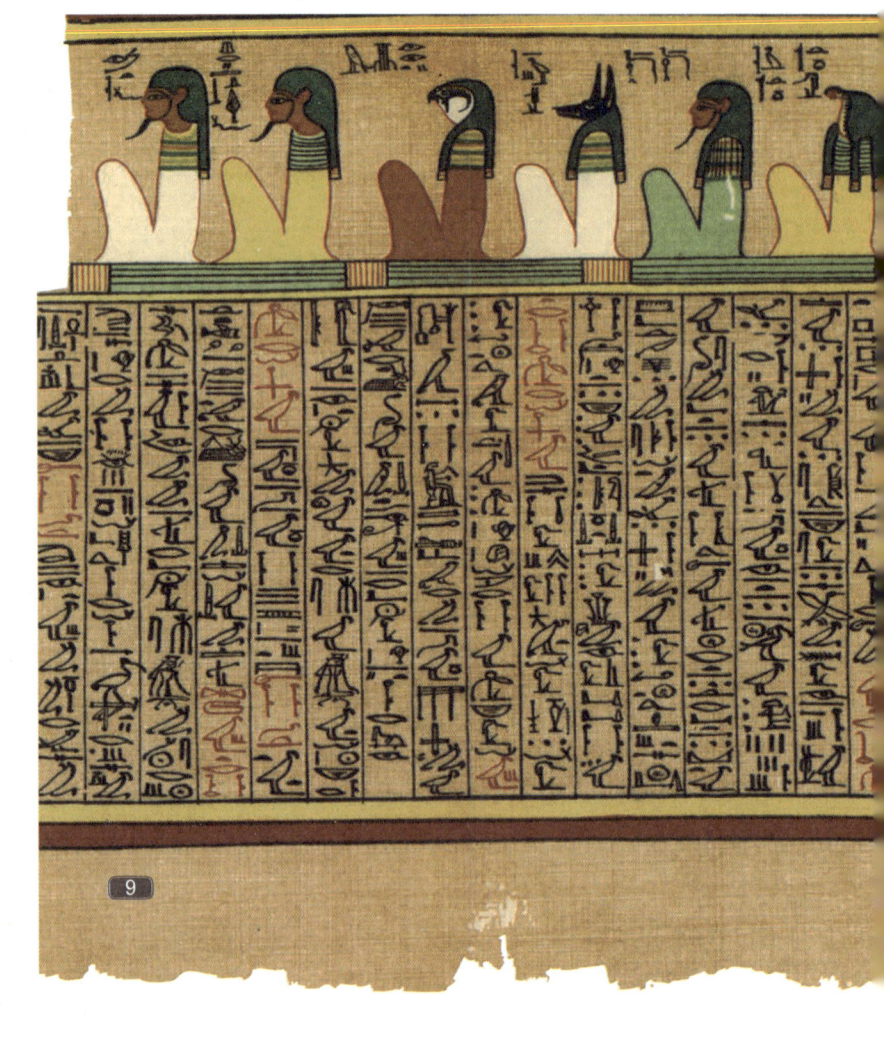

Prancha 9

1. Figuras de três deuses que, juntamente com Mestha, Hapi, Tuamautef e Qebhsennuf, são os "sete iluminados". Seus nomes: Maa-atef-f, Kheri-beq-f e Heru-khent-Maati.

2. O deus Anpu (Anúbis), cabeça de chacal.

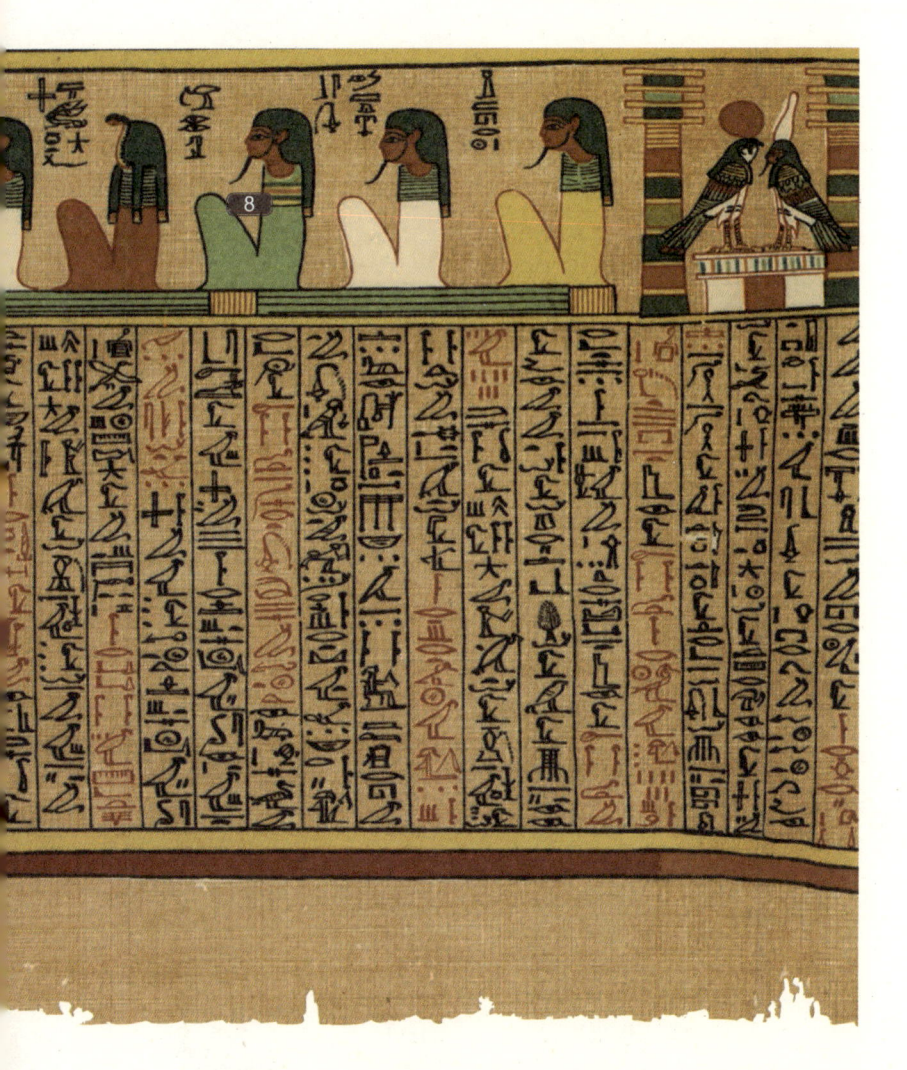

3. Figuras de sete deuses, cujos nomes são Netchehnetcheh, Aaqetqet, Khenti-heh-f,⁴⁴ Ami-unnut-f,⁴⁵ Tesher-maa,⁴⁶ Bes-maa-em-kerh,⁴⁷ e An-em-hru.⁴⁸

4. A alma de Rá e a alma de Osíris na forma de um pássaro com cabeça humana, usando a coroa e em conferência, em Tattu.

---

44. "Ele reside em sua chama".
45. "Aquele que está na sua hora".
46. "Vermelho dos dois olhos".
47. "Chama vista à noite".
48. "Trazendo durante o dia".

Prancha 10

1. O Gato (ou seja, o Sol), que vive junto à árvore Persea em Heliópolis, decepando a cabeça da serpente Apepi, emblemática de seus inimigos.

2. Três divindades sentadas, portando facas. Provavelmente são Sau, Hórus de Sekhem e Nefer-Tmu.

3. Ani e sua esposa, Thuthu, que carrega um sistro, ajoelhados em adoração diante do deus Khepri, com cabeça de besouro, que está sentado no barco do sol nascente.

4. Dois macacos, simbolizando Ísis e Néftis.

5. O deus Tmu, sentado no disco solar, no barco do sol nascente, olhando para uma mesa de oferendas.

6. O deus Rehu, na forma de um leão.

7. A serpente Uatchit, senhora da chama, um símbolo do olho de Rá, enrolada em volta de uma flor de lótus. Acima, o emblema do fogo.

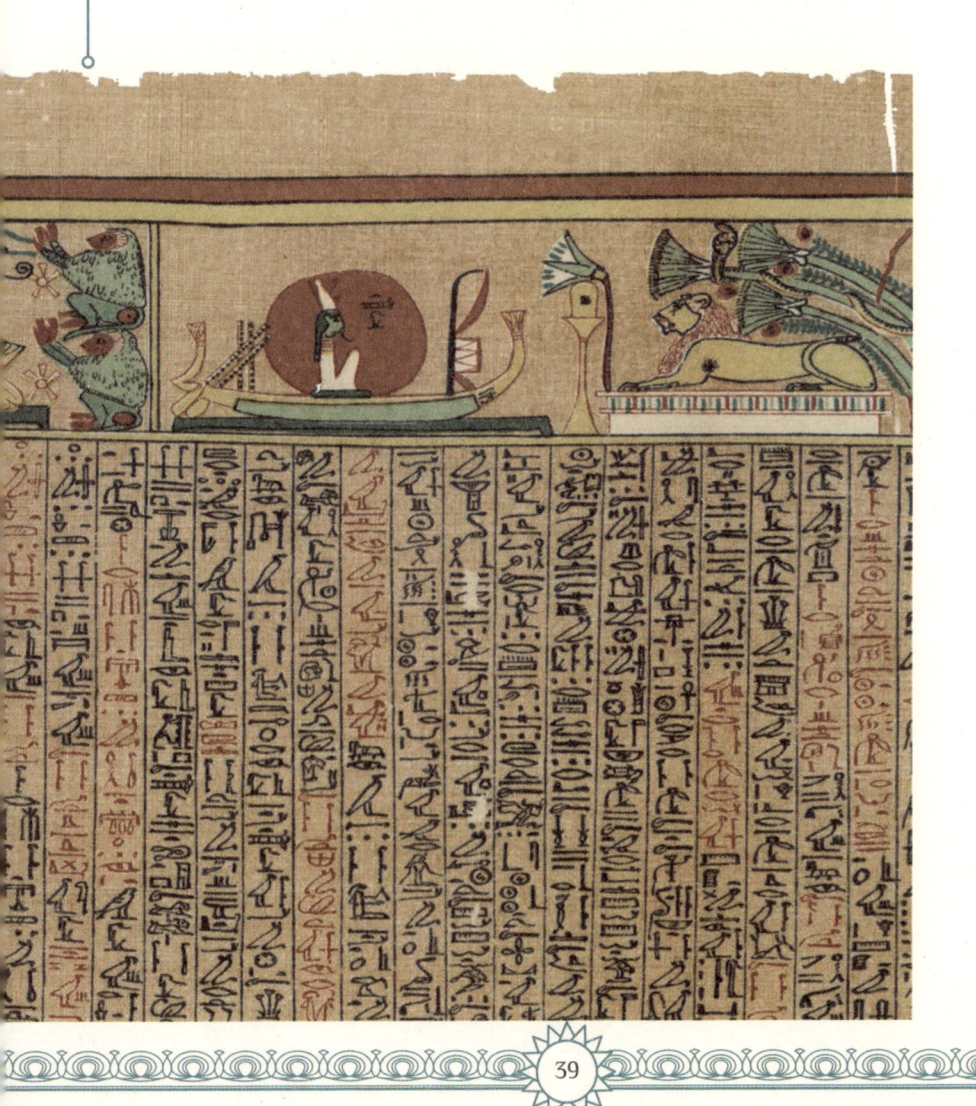

Textos das Pranchas 7-10

AQUI COMEÇAM OS LOUVORES E AS GLORIFICAÇÕES DA SAÍDA E DA ENTRADA NO GLORIOSO NETER-KHERT, NA BELEZA DE AMENTA, DA RESSURREIÇÃO EM TODAS AS FORMAS DE EXISTÊNCIA QUE AGRADEM A ELE (isto é, O FALECIDO), DOS JOGOS E DO REPOUSO EM SEH, E DO RENASCIMENTO COMO ALMA VIVA. Contempla Osíris, o escriba Ani, tão logo chega a seu santuário [de repouso]. Estando já abençoado aquilo que foi feito na Terra [por Ani], chegam as palavras do deus Tmu: "Eu sou o deus Tmu em [minha] ascensão;[49] sou o Único. Ganhei minha existência em Nu. Sou Rá, que se levanta no princípio."

Afinal, quem é este? É Rá, que se levantou pela primeira vez na cidade de Suten-henen [coroado] como rei em [sua] ascensão. Os pilares de Shu[50] ainda não haviam sido criados, quando ele se encontrava no alto posto daquele que está em Khemennu.

"Sou o grande deus que gerou a si mesmo, a saber, Nu, [que] criou seu nome Paut Neteru[51] como deus".

Afinal, quem é este? É Rá, o criador do[s] nome[s] de seus membros, que surgiram na forma dos deuses na corte de Rá.

"Sou aquele que, entre os deuses, não é rejeitado."

Afinal, quem é este? É Tmu em seu disco, ou (como outros afirma), É Rá que se levanta no horizonte leste do céu.

---

49. O deus-sol nascendo ou se pondo.
50. Shu era o filho de Rá e Hathor e o irmão gêmeo de Tefnut. Representava a luz do sol e separava a terra do céu, que ele próprio estabeleceu e sustentava.
51. "Substância dos deuses".

"Sou Ontem; conheço Amanhã".

Afinal, quem é este? Ontem é Osíris, e Amanhã é Rá, no dia em que destruirá os inimigos de Neb-er-tcher e estabelecerá como príncipe e governante seu filho Hórus, ou (como outros afirmam), no dia em que comemoramos o festival do encontro do morto Osíris com seu pai, Rá, e quando a batalha dos deuses foi travada, na qual Osíris, senhor de Amentet, era o líder.

Afinal, o que é isto? É Amentet, [ou seja] a criação das almas dos deuses quando Osíris era líder em Set-Amentet; ou (como outros afirmam), Amentet é aquilo que Rá me deu; quando qualquer deus chega, ele se levanta e luta por Amentet.

"Conheço o deus que ali reside."

Afinal, quem é este? É Osíris, ou (como outros afirmam) Rá é seu nome, Rá o que criou a si próprio.

"Sou o pássaro *bennu* que está em Annu, e sou o guardião do volume dos livros das coisas[52] que existem e das coisas que existirão."

Afinal, quem é este? É Osíris, ou (como outros afirmam), Este é seu corpo, ou (como outros afirmam), É sua sujeira. As coisas que existem e as coisas que existirão são seu corpo inerte; ou (como outros afirmam), Elas são eternidade e infinidade. Eternidade é o dia e infinidade é a noite.

"Sou o deus Amsu[53] em sua ressurreição; que suas duas plumas sejam colocadas sobre minha cabeça."

Afinal, quem é este? Amsu é Hórus, o vingador de seu pai, e sua vinda é seu nascimento. As plumas sobre sua cabeça são Ísis e Néftis, quando se assentam lá, como suas protetoras, e lhe dão aquilo que a cabeça não tem, ou (como afirmam outros), Elas são os dois grandes ureus nobres, que se encontram sobre a cabeça do pai das duas, Tmu, ou (como outros afirmam), os dois olhos Dele são as duas plumas.

"Osíris Ani, o escriba de todas as oferendas sagradas, ergue-se em seu posto, triunfante; e entra em sua cidade."

Afinal, o que é isto? É o horizonte de seu pai, Tmu.

"Extingui minhas falhas, e eliminei minhas faltas."

---

52. Ou, "Sou aquele que comanda o arranjo (ou ordenação) das coisas".
53. Esse deus era associado a Amon-Rá e representava o poder da reprodução.

Afinal, o que é isto? É o fim do corpo corruptível de Osíris, o escriba Ani, triunfante na presença de todos os deuses; e todas as suas faltas são eliminadas.

Afinal, o que é isto? É a purificação [de Osíris] no dia de seu nascimento.

"Estou purificado em meu excelso e grandioso ninho duplo, que se encontra em Suten henen, no dia das oferendas dos seguidores do grande deus que lá reside."

Afinal, o que é isto? "Milhões de anos" é o nome daquele [ninho], "Lago Verde" é o nome do outro; um lago de natro e um lago de nitro; ou (como outros afirmam), "O Que Atravessa Milhões de Anos" é o nome de um, "Grande Lago Verde" é o nome do outro; ou (como outros afirmam), "O Genitor de Milhões de Anos" é o nome de um, "Lago Verde" é o nome do outro. Quanto ao grande deus que lá se encontra, é o próprio Rá.

"Eu passo pelo caminho, conheço as cabeceira[s] do Lado de Maata."

Afinal, o que é isto? É Re-stau;[54] isto é, o submundo ao sul de Naarut-f, e a porta norte da tumba.

Quanto a She-Maaat,[55] é Abtu; ou (como outros dizem), É a estrada pela qual seu pai Tmu viaja quando vai a Sekhet-Aaru, que traz alimento e sustento dos deuses atrás do santuário. Ora, o Portão de Sert é o portão dos pilares de Shu, o portão norte do submundo; ou (como outros afirmam), São as duas partes da porta pela qual o deus Tmu passa quando vai até o horizonte leste do céu.

"Ó vós, deuses na presença [de Osíris], concedei-me vosso apoio, pois sou um deus que habitará entre vós".

---

54. "A porta das passagens da tumba".
55. "O Lago da Dupla Verdade".

Afinal, o que é isto? São gotas de sangue que caíram de Rá quando ele se cortou. Delas surgiram os deuses Hu e Sa, que acompanham Rá e Tmu o dia todo e todos os dias.

"Eu, Osíris, Ani o escriba, triunfante, enchi para ti o *utchat*[56] depois que escureceu no dia do combate dos Dois Guerreiros."

Afinal, o que é isto? É o dia em que Hórus combateu Set, que jogou imundície no rosto de Hórus, e o dia em que Hórus destruiu os poderes de Set. Toth assim o fez com as próprias mãos.

"Levanto a [nuvem] de pelos quando as tempestades tomam o céu."

Afinal, o que é isto? É o olho direito de Rá, que se enfureceu contra [Set] quando retornou à vida. Toth levantou a [nuvem] de pelos e tornou o olho vivo, inteiro e perfeito, sem defeito para com [seu] senhor; ou (como outros afirmam), É o olho de Rá quando está doente e chora pelo outro olho, seu par; Toth, então, se ergue para purificá-lo.

"Contemplo Rá, que nasceu ontem das nádegas da vaca Meh-urt; sua força é a minha força, e minha força é a sua força."

Afinal, o que é isto? É a água do céu, ou (como outros afirmam), É a imagem do olho de Rá na manhã de seu nascimento diário. Meh-urt é o olho de Rá. Portanto, Osíris, o escriba Ani, triunfante, [é] um dos grandiosos entre os deuses que se encontram no cortejo de Hórus. São ditas palavras por ele, que ama seu senhor.

Afinal, o que é isto? [ou seja, quem são estes deuses?] Mestha, Hapi Tuamautef e Qebhsennuf.

"Honras a vós, Ó senhores da justiça e da verdade, e a vós, [posicionados] atrás de Osíris, eliminando os pecados e crimes, e a [vós] seguidores da deusa Hetep-se-khus, concedei-me o direito de a vós me juntar. Exterminai todas as faltas em mim existentes, como fizestes com os sete Iluminados que estão entre os seguidores de seu senhor Sepa. Anúbis determinou seus lugares no dia [em que se disse]: 'vinde, portanto, aqui'."

Afinal, o que é isto? Estes senhores da justiça e da verdade são Toth e Astes, senhor de Amenta. Aqueles que se colocam atrás de Osíris, como Mestha, Hapi, Tuamautef e Qebhsennuf, são os que se

---

56. O olho do Sol.

encontram atrás da Coxa[57] no norte do céu. Aqueles que eliminam pecados e crimes são os seguidores da deusa Hetep-se-khus e do deus Sebek, nas águas. A deusa Hetep-se-khus é o olho de Rá, ou (como outros afirmam), É a chama que acompanha Osíris para queimar as almas de seus inimigos. Quanto às faltas que havia em Osíris, o escriba das oferendas sagradas de todos os deuses, Ani, triunfante, [são elas as únicas que ele cometeu contra os senhores da eternidade] desde que nasceu no ventre de sua mãe.

Quanto aos sete Iluminados, ou seja, Mestha, Hapi, Tuamautef, Qebhsennuf, Maa-atef-f, Kheri-beq-f e Hórus-Khenti-maa, Anúbis os nomeou protetores do corpo de Osíris, ou (como outros afirmam), [colocou-os] atrás do local de purificação de Osíris; ou (como outros afirmam], Aqueles sete gloriosos são Netcheh-netcheh, Aqet-qet, An-erta-nef-bes-f-khenti-heh-f,[58] Aq-her-unnut-f,[59] Tesher-maa-am-mi-het-Anes,[60] Ubes-hra-per-em-khet khet[61] e Maa-em-qerh-an-nef-em-hru.[62] O superior dos puríssimos que ministram em sua câmara é Hórus, o vingador de seu pai. Quanto ao dia [em que foi dito]: "vinde, portanto, aqui", as palavras significam "vem, enfim, até aqui", que Rá disse a Osíris. Que o mesmo seja decretado a mim em Amentet.

"Sou a alma que habita os dois *tchafi*."

Afinal, o que é isto? É Osíris [quando] entra em Tattu e lá encontra a alma de Rá; lá, um deus abraça o outro, e as almas ganham sua existência nos dois *tchafi*.[63]

["Sou o Gato que lutou (?) ao lado da árvore Persea em Annu, na noite em que os inimigos de Neb-er-tcher foram destruídos".]

Afinal, o que é isto? O gato é o próprio Rá, chamado de Maau[64] em virtude da fala do deus Sa [que disse] a respeito dele: "Ele é como (maau), nas coisas que realizou, e seu nome se tornou Maau"; ou (como outros afirmam), É Shu que passa as posses de Seb para Osíris. Quanto

---

57. O nome egípcio da constelação da Ursa Maior.
58. "Ele não doa sua chama, mas habita o fogo."
59. "Ele entra na sua hora."
60. "Aquele que tem dois olhos vermelhos, o habitante de Het-Anes". Het-Anes ("casa do pano") era um distrito pertencente ao templo de Suten-henen ou Heracleópolis, no Alto Egito.
61. "Face incandescente indo e vindo".
62. "Aquele que enxerga à noite e lidera de dia."
63. Parece que o escriba do papiro de Ani acidentalmente omitiu uma seção; por isso, o texto vem com colchetes a partir do papiro Nebseni.
64. Observe o trocadilho de *maau*, "gato" e *maau*, "como".

à luta (?) perto da árvore Persea, em Annu, diz respeito aos filhos da revolta impotente, quando a justiça recai sobre eles pelo que fizeram. Quanto às [palavras] "aquela noite da batalha", referem-se à trilha interior [dos filhos da revolta impotente] na parte leste do céu, onde foi deflagrada uma batalha no céu e em toda a Terra.

"Ó tu, que estás no ovo (isto é, Rá), brilhas em teu disco e te levantas em teu horizonte, iluminando como ouro o céu, inigualável entre os deuses, tu que velejas por sobre os pilares de Shu (isto é, o éter), fazes jorrar fogo da própria boca [que iluminas as duas terras com teu fulgor, liberta] os fiéis veneradores do deus cujas formas são ocultas, cujas sobrancelhas são como os dois braços da balança na noite do ajuste de contas da destruição."

Afinal, quem é este? É An-a-f, o deus que traz seu apoio. Quanto [às palavras] "noite do ajuste de contas da destruição", é a noite em que se incineram os condenados, e se derrubam os perversos [na sagrada] rocha, e se sacrificam as almas.

Afinal, quem é este? É Nemu, o homem forte de Osíris; ou (como outros afirmam), É Apep quando se levanta com a cabeça portando *ma'at* (ou seja, justiça e verdade) [sobre ela]; ou (como outros afirmam), É Hórus quando se levanta com duas cabeças, uma portando *ma'at* e, a outra, a perversidade. Ele paga com perversidade aqueles que praticaram perversidade, e com *ma'at* aquele que segue a justiça e a verdade; ou (como outros afirmam), É o grande Hórus que reside em [Se]khem; ou (como outros afirmam), É Toth; ou (como outros afirmam), É Nefer-Tmu, [ou] Sept, que atrapalha os inimigos de Neb-er-tcher.

"Livra-me dos Vigilantes que carregam facas de sacrifício, com seus dedos cruéis,[65] e que matam aqueles que seguem Osíris. Que nunca me vençam, que eu nunca tombe sob suas facas."

Afinal, o que é isto? É Anúbis, e é Hórus na forma de Khent-en--maa; ou (como outros afirmam), São os Governantes Divinos que frustram o uso de suas [armas]; são os chefes da câmara *sheniu*.

"Que suas facas jamais me dominem, que eu jamais tombe sob seus instrumentos de crueldade, pois sei seus nomes, e conheço o ser Matchet[66] que reside entre eles na morada de Osíris, atirando raios de luz pelo [seu] olho, embora ele próprio seja invisível. Percorre o céu vestido na chama de sua boca, comandando Hapi, mas permanecendo invisível. Que eu seja forte sobre a Terra diante de Rá, que chegue feliz ao santuário na presença de Osíris. Que vossas oferendas não me firam. Ó, vós que comandais vossos altares, pois sou um dos que seguem Neb-er-tcher de acordo com as escrituras de Khepri. Voo como falcão, grasno como ganso e destruo como a deusa-serpente Nehebka."

Afinal, o que é isto? Aqueles que comandam os altares são a semelhança do olho de Rá e a semelhança do olho de Hórus.

"Ó Ra-Tmu, senhor da Grande Morada, príncipe, vida, força e saúde de todos os deuses, livra-[me] do deus cuja face é como a de um cão, cuja fronte é como a de um homem, e que se alimenta dos mortos, que vigia a Baía do Lago de Fogo, e que devora os corpos dos mortos e engole corações, e que atira imundície, mas que permanece invisível."

Afinal, quem é este? "Devorador Há Milhões de Anos" é seu nome, e

---

65. Ou instrumentos de morte.
66. O "Opressor".

ele vive no Lago de Unt. Quanto ao Lago de Fogo, é aquele localizado em Anrutf, próximo à câmara Shenit. O homem impuro que se arrisca a caminhar por ali cai em meio às facas; ou (como outros afirmam), Seu nome é "Mathes",[67] e ele vigia a porta de Amenta; ou (como outros afirmam), Seu nome é "Heri-sep-f".

"Salve, Senhor de terror, chefe das terras do Norte e do Sul, senhor do esplendor vermelho, que prepara a rocha do sacrifício, e que se alimenta das partes interiores!"

Afinal, quem é este? O guardião da Baía de Amenta.

Afinal, o que é isto? É o coração de Osíris, o devorador de todas as coisas sacrificadas. A coroa urerit lhe foi dada com incrustações do coração, como senhor de Suten-henen.

Afinal, o que é isto? Aquele a quem foi concedida a coroa *urerit*, com incrustações do coração como senhor de Suten-henen é Osíris. Comprometeu-se a governar entre os deuses no dia da união de terra com terra na presença de Neb-er-tcher.

Afinal, o que é isto? Aquele que se comprometeu a governar entre os deuses é [Hórus], o filho de Ísis, nomeado para governar no lugar de seu pai Osíris. O dia da união de terra com terra significa a mistura de terra com terra no esquife de Osíris, a Alma que vive em Suten-he-nen, o doador de comida e bebida, o destruidor dos erros, e o guia dos caminhos eternos.

Afinal, quem é este? É o próprio Rá.

"Livra-[me] do grande deus que arrebata as almas, que devora imundície e come poeira, o guardião das trevas [que, no entanto,] vive na luz. Os angustiados o temem."

Quanto às almas no tchafi [são aquelas que estão] com o deus que arrebata a alma, que come corações e se alimenta de entranhas, o

---

67. Aquele com a faca.

guardião das trevas que se encontra no barco seker; aqueles que vivem no crime o temem.

Afinal, quem é este? É Suti, ou (como outros afirmam), É Smam-ur,[68] a alma de Seb.

"Salve, Khepri em teu barco, a assembleia dupla dos deuses é teu corpo. Liberta Osíris Ani, triunfante, dos vigilantes que julgam, que foram designados por Neb-er-tcher para protegê-lo e acorrentar seus inimigos, e que matam aos borbotões; não há escapatória de seu enlaçamento. Que eles nunca me firam com suas facas, que eu nunca caia, indefeso, em suas câmaras de torturas. Nunca fiz as coisas que os deuses detestam, pois sou puro no Mesqet. Foram levados bolos de açafrão a ele, em Tanenet."

Afinal, quem é este? É Khepri em seu barco. É o próprio Rá. Os vigilantes que julgam são as macacas Ísis e Néftis. As coisas que os deuses detestam são a perversidade e a falsidade; e aquele que atravessa o local de purificação no Mesqet é Anúbis, atrás da urna que contém as partes internas de Osíris.

Aquele a quem levaram bolos de açafrão em Tanenet é Osíris; ou (como outros afirmam), Os bolos de açafrão são o céu e a Terra, ou (como outros afirmam), São o Shu, o fortalecedor das duas terras em Suten-henen. Os bolos de açafrão são o olho de Hórus; e Tanenet é a sepultura de Osíris.

Tmu construiu tua morada, e o deus-leão duplo fundou tua habitação; eis que trazem substâncias, e Hórus purifica e Set fortalece, e Set purifica e Hórus fortalece.

"Osíris, o escriba Ani, triunfante diante de Osíris, chegou à região e dela se apossou com seus pés. Ele é Tmu, e está na cidade."

"Volta-te, Ó Rehu, cuja boca brilha, cuja cabeça se move, volta-te daquele que vigia e é invisível. "Osíris Ani está em segurança. Ele é Ísis, e é visto com os cabelos [dela] espalhados sobre ele. Eu os arrumo sobre sua testa. Ele foi concebido em Ísis e gerado em Néftis; e, em seguida, dele cortaram as coisas que deveriam ser cortadas."

O medo te segue, o terror toma teus braços. És envolto por milhões de anos nos braços [das nações]; os mortais circulam à tua volta. Tu aniquilas os mediadores de teus inimigos e agarras os braços dos

---

68. Grande Dizimador.

poderes das trevas. As duas irmãs (Ísis e Néftis) são oferecidas a ti para teu deleite. Criaste aquilo que existe em Kheraba e aquilo que existe em Annu. Todos os deuses temem a ti, pois tua arte é exultante e terrível; tu [vingas] todo deus em cima do homem que o maldiz, e lanças tuas flechas... Vives conforme tua vontade; é Uatchit, a Senhora da Chama. O mal recai sobre aqueles que se levantam contra ti.

Afinal, o que é isto? O oculto em forma, concedido por Menhu, é o nome da tumba. Ele vê [o que está] em [sua] mão é o nome do santuário, ou (como outros afirmam), o nome da rocha. Ora, aquele cuja boca brilha e cuja cabeça se move é um dos membros de Osíris, ou (como outros afirmam), de Rá. Tu espalhas teu cabelo e eu o arrumo sobre a testa dele é uma referência a Ísis, que esconde os cabelos e os arruma. Uatchi, a Senhora das Chamas, é o olho de Rá.

PRIMEIRO PILONE   SEGUNDO PILONE

Pranchas 11-12

Na linha superior das Pranchas 11 e 12 há uma série de sete Arits, ou mansões, pelas quais o morto deve passar. Na linha inferior existem dez *Sebkhets*, ou portões em forma de pilone.

Pranchas 11-12

| TERCEIRO PILONE | QUARTO PILONE | QUINTO PILONE | SEXTO PILONE |

1. Ani e sua esposa Thuthu aproximando-se do primeiro Arit,⁶⁹ em meio a emblemas de poder, vida e estabilidade. Na entrada se sentam três deuses: o primeiro com uma cabeça de lebre, o segundo de serpente e o terceiro de crocodilo. O primeiro deus segura uma espiga de milho (?) e os outros dois uma faca, cada um.

O PRIMEIRO ARIT. O nome do guardião é Sekhet-hra-asht-aru;⁷⁰ o nome do vigia é Metiheh; o nome do arauto é Ha-kheru.⁷¹

[PALAVRAS DITAS QUANDO OSÍRIS CHEGA AO PRIMEIRO ARIT IN AMENTA.] Diz Ani, triunfante, quando chega ao primeiro Arit: "Sou o poderoso, o que criou sua luz própria. Vim a ti, Ó Osíris, e, purificado daquilo que me conspurcava, te venero. Conduz-me; não dês o nome de Re-stau a mim. Honro a ti, Ó Osíris, em teu poder e tua força em Re-stau. Levanta-te e conquista, Ó Osíris, em Abtu. Tu circulas o céu, velejas na presença de Rá, vês todos os seres que possuem conhecimento. Salve Rá, que circula no [céu]. Em verdade, [te] digo, Ó Osíris, que sou um governante divino. Não deixes que me expulsem de lá⁷² nem que me atirem da muralha de carvão incandescente. [Eu abri] o caminho em Re-stau; aliviei a dor de Osíris; [eu] adotei aquilo que pesei na balança; [eu] criei um caminho para ele no grande vale; e [ele] fez um caminho. Osíris brilha (?)".

---

69. Morada ou mansão. Na linha superior das Pranchas 11 e 12 há uma série de sete *Arits*, ou mansões, pelas quais o morto deve passar. Na linha inferior há dez *Sebkhets*, ou portais em forma de pilone.
70. "Face revertida: muitas formas."
71. "A voz que viaja."
72. O *Arit*.

2. O segundo Arit, vigiado por três deuses: o primeiro com cabeça de leão, o segundo de homem e o terceiro de um cão. Cada um deles porta uma faca.

O SEGUNDO ARIT. O nome do guardião é Un-hat; o nome do vigia é Seqet-hra; o nome do arauto é Uset.

Diz Osíris quando chega a esse Arit: "Ele se senta para cumprir o desejo de seu coração; e pesa palavras, na qualidade de segundo de Toth. A força de Toth humilha os deuses Maata, ocultos, que se alimentam de Maat durante os anos [de suas vidas]. Dedico oferendas no momento em que [ele] faz a passagem; passo e entro no caminho; Deixa que eu passe sempre e que vislumbre Rá, ao lado daqueles que fazem oferendas".

3. O terceiro Arit, vigiado por três deuses: o primeiro com cabeça de chacal, o segundo de um cão e o terceiro de uma serpente. O primeiro carrega uma espiga de milho (?), e os outros dois, uma faca cada um.

O TERCEIRO ARIT. O nome do guardião é Qeq-hauau-ent--pehui;[73] o nome do vigia é Se-res-hra;[74] o nome do arauto é Aaa.[75]

Diz Osíris Ani [quando chega a esse Arit]: "Estou oculto [nas] grandes profundezas, [sou] o juiz de Rehui.[76] Vim e eliminei as faltas de Osíris. Construo o lugar postural que surge de sua coroa *urerit* (?). Cuidei de seus afazeres em Abtu, abri o caminho em Re-stau, aliviei a dor que Osíris sentia. Endireitei sua postura e criei [seu] caminho. Ele brilha em Re-stau".

4. O quarto Arit, vigiado por três deuses: o primeiro com cabeça de homem, o segundo de falcão e o terceiro de leão. O primeiro deus

---

73. "Comedor de sua própria imundície."
74. "Capaz de erguer sua face."
75. "O Grande."
76. Hórus e Set.

segura uma espiga de milho e os outros dois, uma faca cada um.

O QUARTO ARIT. O nome do guardião é Khesef-hra-asht-kheru;[77] o nome do vigia é Seres-tepu; o nome do arauto é Khesef-At.[78]

Diz Osíris, o escriba Ani, triunfante [quando chega a esse Arit]: "Sou o [poderoso] touro, o filho da ancestral de Osíris. Ó, concedei-vos que seu pai, o senhor de seus companheiros divinos, seja testemunha. Aqui se pesam e se julgam os culpados. Trouxe às suas narinas vida eterna. Sou o filho de Osíris, abri o caminho e passei para o Neter-khert".

5. O quinto Arit, vigiado por três deuses: o primeiro com cabeça de falcão, o segundo de homem e o terceiro de cobra. Cada um deles porta uma faca.

O QUINTO ARIT. O nome do guardião é Ankh-f-em-fent;[79] o nome do vigia é Shabu; o nome do arauto é Teb-hra-keha-kheft.

Diz Osíris, o escriba Ani, triunfante [quando chega a esse Arit]: "Trouxe a ti os ossos de teus maxilares em Re-stau, trouxe-te tua espinha dorsal em Annu, juntando todos os teus membros. Afastei Apep, por ti. Derramei água nos ferimentos; abri um caminho. Sou o Ancião entre os deuses. Fiz as oferendas a Osíris, que triunfou com vitória, juntando seus ossos e realinhando seus membros".

---

77. "Repulsa da face, grandioso de fala."
78. "O que repulsa o crocodilo."
79. "Ele vive de vermes."

6. O sexto Arit, vigiado por três deuses: o primeiro com cabeça de chacal, e o segundo e terceiro com cabeças de cães. O primeiro deus carrega uma espiga de milho (?) e os outros dois uma faca cada um.

O SEXTO ARIT. O nome do guardião é Atek-au-kehaq-kheru; o nome do vigia é An-hri; o nome do arauto é Ates-hra.

Diz Osíris, o escriba Ani [quando chega a esse Arit]: "Vim diariamente, vim diariamente. Percorri o caminho; passei por aquilo que foi criado por Anúbis. Sou o senhor da coroa urerit... palavras mágicas. Eu, o vingador de justiça e verdade, vinguei seu olho. Cobri com bandagens o olho de Osíris, [eu] percorri o caminho; Osíris Ani passou [por ele] contigo...".

Pranchas 11-12

7. O sétimo Arit, vigiado por três deuses: o primeiro com cabeça de lebre, o segundo com cabeça de leão e o terceiro com cabeça de homem. O primeiro e o segundo seguram uma faca, e o terceiro uma espiga de milho (?).

O SÉTIMO ARIT. O nome do guardião é Sekhem-Matenu-sen; o nome do vigia é Aa-maa-kheru e o nome do arauto é Khesef-khemi.

Diz Osíris, [o escriba] Ani [quando chega a esse Arit]: "Vim a ti, Ó Osíris, tu que estás livre de [tuas] impurezas. Tu percorres o céu, vês Rá, vês os seres que possuem conhecimento. Salve, Único! Olha, tu estás no barco *sektet*, Ele dá a volta pelo horizonte do céu. Falo o que devo falar com o corpo dele, que recupera força e ganha a vida, de acordo com as palavras dele. Tu lhe devolves o rosto. Que tu faças florescer, para mim, todos os caminhos [que levam] a ti!"

Pranchas 11-12, Reprodução Inferior Mostrando os Pilones

1. Ani e sua esposa Thuthu, com as mãos erguidas em adoração, aproximando-se do primeiro *Sebkhet* ou Pilone, que é vigiado por uma deidade com cabeça de pássaro, usando um disco na cabeça e sentada em um santuário decorado com ornamentos *khakeru*[80].

---

80. As decorações *khakeru* ou *khekeru* representam as plantas (geralmente juncos) usadas para cobrir telhados. (ed.)

Pranchas 11-12

PALAVRAS A SEREM DITAS QUANDO [ANI] CHEGAR AO PRIMEIRO PILONE. Diz Osíris Ani, triunfante: "Eis a senhora dos terrores, com muralhas altas, senhora soberana, a dama da destruição, que pronuncia as palavras que afastam os destruidores, que libertam da destruição aquele que percorreu o caminho. O nome da guardiã do portão é Neruit".

2. O segundo Pilone, que é vigiado por uma deidade com cabeça de leão sentada em um santuário, sobre o qual se encontra uma serpente.

PALAVRAS A SEREM DITAS QUANDO [ANI] CHEGAR AO SEGUNDO PILONE. Diz Osíris, o escriba Ani, triunfante: "Eis a senhora do céu, a dama do mundo, que devora com fogo, a senhora dos mortais; quão superior ela é a todos os homens! O nome da guardiã é Mes-Ptah".

3. O terceiro Pilone, que é vigiado por uma deidade com cabeça humana sentada em um santuário, cuja parte superior é ornamentada com os dois *utchats* e os emblemas da órbita do sol e da água.

PALAVRAS A SEREM DITAS QUANDO [ANI] CHEGAR AO TERCEIRO PILONE. Diz o escriba Ani, triunfante: "Eis a senhora do altar, a poderosa a quem são feitas oferendas, a bem-amada (?) de todos os deuses, aquela que velejou até Abtu. O nome da guardiã é Sebaq".

4. O quarto Pilone, que é vigiado por uma deidade com cabeça de vaca sentada em um santuário ornamentado com ureus que portam discos.

   PALAVRAS A SEREM DITAS QUANDO [ANI] CHEGAR AO QUARTO PILONE. Diz Osíris, o escriba Ani, [triunfante]: "Eis que ela vence com facas, dama do mundo, destruidora dos inimigos do Coração Plácido, aquela que permite aos carentes escapar de eventos malignos. O nome da guardiã é Nekau".

5. O quinto Pilone, que é vigiado pela deidade hipopótamo, com os dentes frontais pousados sobre a fivela, o emblema da proteção, sentada em um santuário ornamentado com [símbolos] de chamas de fogo.

   PALAVRAS A SEREM DITAS QUANDO [ANI] CHEGAR AO QUINTO PILONE. Diz Osíris, o escriba Ani, triunfante: "Eis a chama, a senhora do ar (?) para as narinas; ninguém pode avançar sem lhe implorar que deixe entrar em sua presença. O nome da guardiã é Hentet-Arqiu".

6. O sexto Pilone, que é vigiado por uma deidade na forma humana segurando uma faca e uma vassoura[81] e sentada em um santuário, acima do qual está uma serpente.

PALAVRAS A SEREM DITAS QUANDO [ANI] CHEGAR AO SEXTO PILONE: Diz Osíris, o escriba Ani, triunfante: "Eis a senhora da luz, a poderosa, por quem os homens bradam; o homem não conhece sua largura nem sua altura; nunca houve outra como ela desde o princípio (?). Sobre ela paira uma serpente cujo tamanho se desconhece; nasceu na presença do Coração Plácido. O nome da guardiã é Semati".

7. O sétimo Pilone, que é vigiado por uma deidade com cabeça de carneiro segurando uma vassoura e sentada em um santuário decorado com ornamentos *khakeru*.

PALAVRAS A SEREM DITAS QUANDO [ANI] CHEGAR AO SÉTIMO PILONE: Diz Osíris, o escriba Ani, triunfante: "Eis a túnica que veste aquele que é frágil (o falecido), chorando pelo que ela ama e envolve. O nome da guardiã é Sakti-f".

8. O oitavo Pilone, que é vigiado por um falcão portando as coroas do Norte e do Sul, sentado em uma urna sepulcral com portas fechadas; diante dele há uma vassoura e atrás o *utchat*. Acima do santuário se encontram dois falcões com cabeça humana, emblemas das almas de Rá e Osíris, e dois emblemas da vida.

---

81. Trata-se de uma vassoura feita de ramos enrolados em volta de uma vara. (ed.)

PALAVRAS A SEREM DITAS QUANDO [ANI] CHEGAR AO OITAVO PILONE: Diz Osíris, o escriba Ani, triunfante: "Eis o fogo brilhante, cuja chama não pode ser apagada, com línguas incandescentes que se estendem para longe, o sacrificador, o irresistível, pelo qual ninguém passa sem sofrer dor. O nome do guardião é Khu-tchef-f".[82]

9. O nono Pilone, que é vigiado por uma deidade com cabeça de leão usando um disco e segurando uma vassoura, sentada em um santuário ornamentado com ureus portando discos.

PALAVRAS A SEREM DITAS QUANDO [ANI] CHEGAR AO NONO PILONE: Diz Osíris Ani, triunfante: "Eis aquela que é a superior, a senhora da força, que traz paz ao coração de seu senhor. Sua largura é de 350 medidas; ela veste madre-esmeralda do Sul; e levanta a forma divina e veste aquele que é frágil... O nome da guardiã é Ari-su-tchesef".[83]

10. O décimo Pilone, que é vigiado por uma deidade com cabeça de carneiro usando a coroa *atef* e segurando uma vassoura, sentada em um santuário, sobre o qual se encontram duas serpentes.

PALAVRAS A SEREM DITAS QUANDO [ANI] CHEGAR AO NONO PILONE: Diz Osíris Ani [triunfante]: "Eis aquela cuja voz é alta, que leva ao choro aqueles que lhe suplicam, a temível que aterroriza e que a ninguém teme. O nome da guardiã é Sekhen-ur".

---
82. "Protegendo seu corpo."
83. "Ele faz a si mesmo."

PRANCHA 12 REPRODUÇÃO SUPERIOR[84]. O sacerdote An-maut-f,[85] que usa do lado direito da cabeça a mecha de Heru-pa-khrat, ou Hórus Criança, e traja pele de leopardo, apresentando Ani e sua esposa aos deuses cujos nomes aparecem nas Pranchas 13 e 14.

AN-MAUT-S DIZ: "Vim até vós, Ó poderosos governantes no céu, na Terra e debaixo da Terra; e vos trouxe Osíris Ani. Ele não pecou contra nenhum dos deuses. Concedei que ele permaneça convosco por toda a eternidade".

A adoração de Osíris, senhor de Re-stau, e da grande assembleia dos deuses que se encontram no submundo ao lado de Osíris, o escriba Ani, que diz: "Honras a ti, Ó governante de Amenta, Unnefer em Abtu! Vim até ti, e meu coração carrega justiça e verdade. Não há pecado em meu corpo, tampouco menti por minha vontade; nada fiz com falsidade no coração. Concede-me alimento na tumba, para que chegue à [tua] presença no altar dos senhores da justiça e da verdade, e possa entrar e sair do submundo (minha alma não sendo rejeitada), e contemplar a face do Sol e a face da Lua para todo o sempre".

---

84. Essa vinheta, seu par e as vinhetas das Pranchas 13-14 formam uma composição.
85. Osíris também é chamado de An-maut-f.

PRANCHA 12 REPRODUÇÃO INFERIOR: O sacerdote Se-mer-f, que usa do lado direito da cabeça a mecha de Heru-pa-khrat e traja pele de leopardo, apresentando Ani e sua esposa aos deuses cujos nomes aparecem nas Pranchas 13 e 14.

SE-MER-F DIZ: "Vim até vós, Ó poderosos governantes em Re-Stau; e vos trouxe Osíris Ani. Concedei-[lhe], bem como aos seguidores de Hórus, bolos e água, e ar, e uma morada em Sekhet-Hetep".[86]

A adoração de Osíris, o senhor da eternidade e de todos os governantes divinos de Re-stau, por Osíris, [o escriba Ani], que diz: "Honras a ti, Ó rei de Amenta, príncipe de Akert. Vim até ti. Conheço teus caminhos, estou equipado com as formas que tu assumes no submundo. Concede-me um lugar no submundo perto dos senhores da justiça e da verdade. Que minha morada seja em Sekhet-hetep, e que eu receba bolos em tua presença".

---

86. Os Campos de Paz.

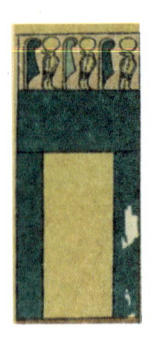

Prancha 13

Reprodução superior: Um pilone, ou portal, encimado pelas penas de Maat e ureus portando discos. Reprodução inferior: Um pilone, sobre o qual aparecem Anúbis e um *utchat*.

["Salve, Toth, que fez Osíris triunfar sobre seus inimigos, torna Osíris [o escriba Ani] também vitorioso contra seus inimigos, como fizeste com Osíris, na presença dos governantes divinos que se encontram com Rá e Osíris em

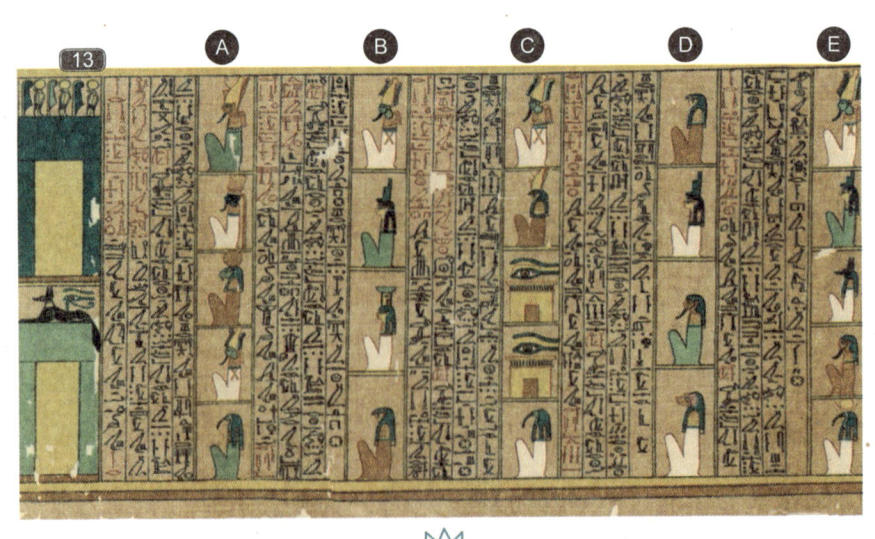

Annu, na noite das "coisas para a noite",[87] e na noite da batalha, e no encarceramento dos inimigos, e no dia da destruição de Neb-er-tcher"].[88]

A. OS DEUSES TMU, SHU, TEFNUT, OSÍRIS E TOTH.

Os grandes governantes divinos em Annu são Tmu, Shu, Tefnut, [Osíris e Toth], e o encarceramento de Sebau significam a destruição dos monstros de Set quando ele causou o mal pela segunda vez.

"Salve, Toth, que fez Osíris triunfar sobre seus inimigos, torna Osíris Ani também vitorioso contra seus inimigos na presença dos grandes seres divinos que se encontram em Tattu, na noite em que se faz o Tat para se colocar em Tattu".

B. OS DEUSES OSÍRIS, ÍSIS, NÉFTIS E HÓRUS.

Os grandes governantes divinos em Tattu são Osíris, Ísis, Néftis e Hórus, o vingador de seu pai. A "noite em que se faz o Tat para se colocar em Tattu" significa [levantar] o braço e o ombro de Osíris, senhor de Sekhem; e esses deuses se posicionam atrás de Osíris [para protegê-lo], como as bandagens que o cobrem.

"Salve, Toth, que fez Osíris triunfar sobre seus inimigos, torna Osíris Ani também vitorioso contra seus inimigos na presença dos grandes governantes divinos que se encontram em Sekhem, no [festival] da noite das coisas da noite em Sekhem."

C. OS DEUSES OSÍRIS E HÓRUS, DOIS UTCHATS SOBRE PILONES E O DEUS TOTH.

Os grandes governantes divinos em Sekhem são Hórus, que não tem a vista, e Toth, que está com os governantes divinos em Naarerutf. O "festival da noite das coisas da noite" significa a luz do sol nascente sobre o esquife de Osíris.

"Salve, Toth, que fez Osíris triunfar sobre seus inimigos, torna Osíris Ani também vitorioso contra seus inimigos na presença dos grandes governantes divinos que se encontram em Pe e Tep, na noite

---

87. As palavras significam: "o amanhecer no sarcófago de Osíris".
88. Essa secção, omitida no papiro de Ani, aparece no papiro de Nebseni.

da construção das colunas de Hórus, em que ele se torna o herdeiro das coisas que pertenciam a seu pai".

D. OS DEUSES HÓRUS, ÍSIS, MESTHA E HAPI.

Os grandes governantes divinos em Pe e Tep são Hórus, Ísis, Mestha e Hapi. A construção das colunas de Hórus [significa] o comando dado por Set a seus seguidores: "Ergam colunas sobre a Terra".

"Salve, Toth, que fez Osíris triunfar sobre seus inimigos, torna Osíris Ani também vitorioso contra seus inimigos na presença dos grandes governantes divinos que se encontram em... Rekhit, na noite em que Ísis desceu para a vigília e lamentação por seu irmão Osíris."

E. OS DEUSES [OSÍRIS], ÍSIS, ANÚBIS, MESTHA E TOTH.

Os grandes governantes divinos em... Rekhit são Ísis, Hórus (?) e Mestha.

"Salve, Toth, que fez Osíris triunfar sobre seus inimigos, torna Osíris Ani (triunfante na paz!) também vitorioso contra seus inimigos na presença dos grandes seres divinos que se encontram em Abtu, na noite do deus Naker, na separação dos mortos ímpios, no julgamento de espíritos que se tornaram justos, e no surgimento do júbilo em Tenu."

Prancha 14

F. OS DEUSES OSÍRIS, ÍSIS E AP-UAT, E O TET.

Os grandes governantes divinos que estão em Abtu são Osíris, Ísis e Ap-uat.

"Salve, Toth, tu que fizeste Osíris triunfar sobre seus inimigos, faz Osíris Ani, o escriba e conferente das oferendas sagradas dos deuses, também vitorioso contra seus inimigos na presença dos governantes divinos que julgam os mortos, na noite da condenação daqueles que devem ser eliminados."

G. OS DEUSES TOTH, OSÍRIS, ANÚBIS E ASTENNU.

Os grandes governantes divinos no julgamento dos mortos são Toth, Osíris, Anúbis e Astennu. A "condenação daqueles que devem ser eliminados" é a supressão daquilo que é tão necessário para as almas dos filhos da revolta impotente.

"Salve, Toth, que fez Osíris triunfar sobre seus inimigos, torna Osíris, o escriba Ani (triunfante!), também vitorioso contra seus inimigos na presença dos grandes governantes divinos, no festival da escavação e remoção da terra em Tattu, na noite da escavação e remoção da terra no sangue deles, quando Osíris se tornou vitorioso contra seus inimigos."

H. OS TRÊS DEUSES DO FESTIVAL DE ESCAVAÇÃO DA TERRA EM TATTU.

Quando os inimigos de Set chegam e se transformam em animais, os grandes governantes divinos, no festival da escavação e remoção da terra em Tattu, os abatem na presença dos deuses, e o sangue dos abatidos escorre entre eles enquanto caem. Tais eventos são permitidos no julgamento daqueles que se encontram em Tattu.

"Salve, Toth, que fez Osíris triunfar sobre seus inimigos, torna Osíris Ani também vitorioso contra seus inimigos na presença dos governantes divinos que se encontram em Naarutef, na noite daquele que se oculta sob diversas formas, até Osíris."

Prancha 14

I. OS DEUSES RÁ, OSÍRIS, SHU E BEBI, CABEÇA DE CÃO.

Os grandes governantes divinos em Naarutef são Rá, Osíris, Shu e Bebi. A "noite daquele que se oculta sob diversas formas, até Osíris" é o momento em que a coxa [e a cabeça], o calcanhar e a perna são colocados perto do esquife de Osíris Un-efer.

"Salve, Toth, que fez Osíris triunfar sobre seus inimigos, torna Osíris Ani (triunfante diante de Osíris) também vitorioso contra seus inimigos na presença dos governantes divinos que se encontram em Re-stau, na noite em que Anúbis se deitou com os braços e as pernas sobre as coisas por trás de Osíris, quando Hórus triunfou contra seus inimigos."

J. OS DEUSES HÓRUS, OSÍRIS, ÍSIS, E... (?)

Os grandes governantes divinos em Re-stau são Hórus, Osíris e Ísis. O coração de Osíris rejubila, e o coração de Hórus se alegra; e, portanto, Leste e Oeste estão em paz.

"Salve, Toth, que fez Osíris triunfar sobre seus inimigos, torna Osíris Ani, o escriba conferente das oferendas divinas de todos os deuses, também vitorioso contra seus inimigos na presença das dez assembleias dos grandes governantes divinos que se encontram com Rá e com Osíris e com todos os deuses e deusas na presença de Neb-er-tcher. Ele destruiu os inimigos, e destruiu todo o mal do inimigo."

RUBRICA: Se este capítulo for recitado, o falecido ressuscitará, purificado após a morte, e [tomará todas] as formas (ou transformações) que seu coração determinar. Se este capítulo for recitado em cima dele, ele virá à Terra, escapará de todo fogo; e nenhuma das coisas nefastas que dele se acercavam permanecerá, por todo o sempre.

Prancha 15

Uma estátua sentada de Ani, o escriba, sobre a qual a cerimônia da "abertura da boca" é realizada pelo sacerdote *Sem*, vestindo pele de pantera e segurando com a mão direita o instrumento *Ur heka*, isto é, "o poderoso dentre os encantamentos". Diante da estátua estão: a urna sepulcral; os instrumentos Seb-ur, Tun-tet e Temanu, e o objeto Pesh-en-kef.

O CAPÍTULO DA ABERTURA DA BOCA DE OSÍRIS, O ESCRIBA ANI. A ser dito: "Que Ptá abra minha boca, e que o deus de minha cidade remova as bandagens que a cobrem. E, ainda, que Toth, pleno e revestido de amuletos, venha e remova as bandagens, as bandagens de Set que seguram minha boca; e que o deus Tmu as atire contra aqueles que quiseram [me] aprisionar, e os afaste. Que minha boca seja aberta, solta por

Shu, com sua faca de ferro,[89] com a qual ele abriu a boca dos deuses. Sou Sekhet, e sento-me no grande lado oeste do céu. Sou a grande deusa Sah em meio às almas de Annu. Quanto a todos os amuletos e todas as palavras que possam ser proferidas contra mim, que os deuses os expulse, e que cada membro da assembleia dos deuses lhes mostre resistência.

O CAPÍTULO DA OFERENDA DE AMULETOS A OSÍRIS ANI [EM NETHER-KHERT]. [Ele diz]: "Sou Tmu-Khepri, que deu à luz si próprio sobre a coxa de sua mãe divina. Aqueles que se encontram em Nu[90] se transformam em lobos, e os que estão entre os governantes divinos se tornam hienas. Contempla, eis que trago o amuleto de todos os lugares onde antes estavam e de cada homem que o tinha, mais rápido que os cães de corrida e mais veloz que a luz. Salve, tu que rebocas o barco *makhent* de Rá, tuas velas e teu leme resistem ao vento enquanto tu singras o Lago de Fogo em Neter-khert. Contempla, eis que tu trazes o amuleto de todos os lugares onde antes estavam e de cada homem que o tinha, mais rápido que os cães de corrida e mais veloz que a luz, [o amuleto] que criou as formas de existência a partir da coxa (?) de tua mãe e criou os deuses a partir do (ou em) silêncio, e deu o calor da vida aos deuses. Contempla, eis que o amuleto me é dado de onde quer que venha [e de quem o possuía], mais rápido que os cães de corrida e mais veloz que a luz", ou, (como outros afirmam), "mais veloz que uma sombra".

O escriba Ani, vestido de branco, e com o coração na mão direita, dirigindo-se ao deus Anúbis. Entre eles há um colar de várias fileiras de contas coloridas, cujo fecho tem a forma de um pilone ou portal, e ao qual se anexa um peitoral com uma representação do barco do Sol, contendo um escaravelho, emblema do Sol.

CAPÍTULO EM QUE UM CORAÇÃO É DADO A OSÍRIS ANI NO SUBMUNDO. [Ani diz]:

---

89. Literalmente, "ferro do céu".
90. O céu.

"Que este coração esteja comigo na Morada dos Corações.⁹¹ Que meu coração esteja comigo, e em [mim] permaneça, ou não comerei dos bolos de Osíris no lado leste do Lago das Flores, [tampouco terei] um barco para descer o Nilo, e outro para subir, nem poderei ir de barco até ti. Que minha boca me seja dada para que eu possa falar, e meus dois pés para que possa caminhar, e minhas duas mãos e braços para que derrube meu inimigo. Que as portas do céu sejam abertas para mim; que Seb, o Príncipe dos deuses, escancare suas mandíbulas para mim; que ele abra meus dois olhos ainda cegos; que me permita estender os pés ainda presos um ao outro; e que Anúbis torne minhas pernas firmes, para que eu me erga sobre elas. Que a deusa Sekhet me faça levantar para que eu suba ao céu, e que lá me seja permitido comandar na Morada do Ka de Ptá.⁹² Conheço meu coração, adquiri o domínio de meu coração, adquiri o domínio de minhas duas mãos e braços, adquiri o domínio de meus pés, e obtive o poder de fazer tudo o que meu *ka* desejar. Minha alma não será isolada de meu corpo nos portões do submundo; mas entrarei em paz, e ressuscitarei em paz".

O CAPÍTULO EM QUE O CORAÇÃO DE OSÍRIS, O ESCRIBA DAS OFERENDAS SAGRADAS DE TODOS OS DEUSES, ANI, TRIUNFANTE, NÃO É AFASTADO DELE. Ani diz: "Meu coração, minha mãe; meu coração, minha mãe. Meu coração que me permite existir. Que nada me detenha em [meu] julgamento; que não haja resistência contra mim por parte do Tchatcha; que tu não te afastes de mim na presença daquele que guarda a Balança! És o *ka* em meu corpo, [que] costura e fortalece meus membros. Que ressuscites no local de felicidade [para onde] vou. Que o *Shenit*,⁹³ que mantém os homens de pé, não cause a podridão de meu nome".⁹⁴

---

91. A corte de julgamento de Osíris, onde os corações eram pesados na balança.
92. A Mênfis celestial.
93. A classe de seres divinos.
94. O capítulo aqui está incompleto; as palavras que faltam são: "agradável para nós, agradável é o som, e o coração se alegra na pesagem das palavras. Que não sejam ditas mentiras

Ani carregando sua alma na forma de um pássaro com cabeça humana.

CAPÍTULO EM QUE A ALMA DE UM HOMEM NÃO É TIRADA DELE NO SUBMUNDO. Osíris, o escriba Ani, diz: "Eu, sim, eu, sou aquele que ressuscitou das enchentes de águas que faço transbordar e que se tornam poderosas como o Rio [Nilo]".

Ani carregando uma vela de barco, emblemática da respiração e do ar.

CAPÍTULO EM QUE SE DÁ SOPRO DE VIDA NO SUBMUNDO. Diz Osíris Ani: "Sou o Ovo da Grande Galinha, e vigio e guardo aquele grandioso lugar que o deus Seb proclamou sobre a Terra. Eu vivo; e o ovo vive; fortifico-me, vivo, respiro o ar. Sou Utcha-aab, e dou a volta [para proteger] o ovo. Frustrei a intenção de Set, o poderoso e forte. Salve, tu que tornas o mundo agradável com tchefa comestível, e que habitas o [céu] azul; vigia o bebê em seu berço quando ele a ti chegar".

Ani em pé, com um cajado na mão esquerda.

O CAPÍTULO EM QUE O CORAÇÃO DE UM HOMEM NÃO É TIRADO DELE NO SUBMUNDO. Diz Osíris Ani, triunfante: "Volta, Ó mensageiro de todos os deuses. Vens tirar de mim meu coração vivente? Meu coração vivente não será dado a ti. [Enquanto] marcho em frente, os deuses ouvem minhas súplicas e se curvam onde quer que estejam".

---

a meu respeito perto do deus, na presença do grande deus, o senhor de Amentet. Em verdade, como serás grandioso quando te levantares em triunfo!".

Prancha 16

Ani em pé, com as duas mãos erguidas em oração, diante de quatro deuses sentados em um pedestal na forma de Maat; à frente dele está seu coração sobre um pedestal.

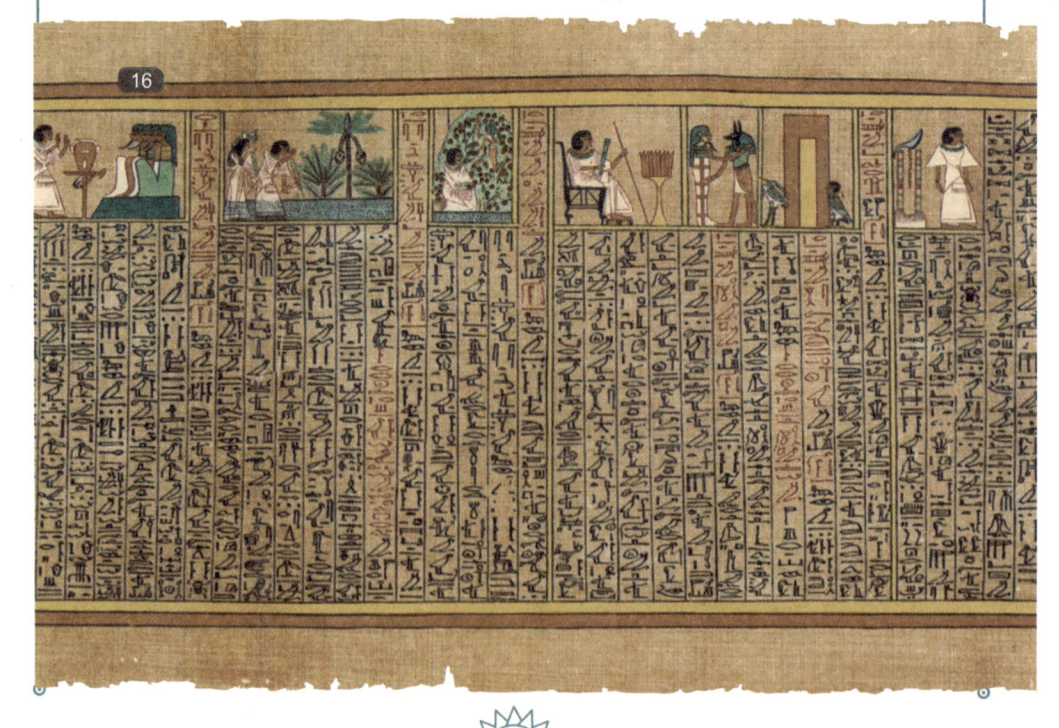

O CAPÍTULO EM QUE O CORAÇÃO DE UM HOMEM NÃO É TIRADO DELE NO SUB-MUNDO. Diz Osíris Ani: "Saudações a vós, que levais os corações, [saudações] a vós que roubais corações! Assim o fizestes. Honras a vós, Ó senhores da eternidade, possuidores da eternidade, não tomeis este coração de Osíris Ani, este coração de Osíris. E não deixeis que palavras más sejam ditas contra ele; porque este coração de Osíris Ani é o coração daquele que tem muitos nomes, o poderoso cujas palavras são seus membros, e que envia seu coração para habitar seu corpo. O coração de Osíris Ani agrada os deuses; ele é vitorioso, obteve poder sobre o coração; não revelou o que a ele foi feito. Obteve poder sobre os próprios membros. Seu coração lhe obedece, ele é seu senhor, pois o coração habita seu corpo e de lá jamais cairá. Eu, Osíris, o escriba Ani, vitorioso na paz, e triunfante na beleza de Amenta e na montanha da eternidade, peço que me obedeças no submundo".

Ani e sua esposa Thuthu, ambos segurando na mão esquerda o emblema do ar, e bebendo água, com a mão direita, de uma lagoa, às margens da qual existem palmeiras carregadas de frutos.

O CAPÍTULO DO SOPRO DA VIDA E DO PODER SOBRE A ÁGUA NO SUBMUNDO. Diz Osíris Ani: "Abre-te para mim! Quem és e para onde vais? Eu sou um de vós. Quem está contigo? É Merti. Separa-te dele, cada qual para um lado, quando entrares no Mesqen. Ele me deixa velejar até o templo dos seres divinos que encontraram seus rostos (?). O nome do barco é "O Que Reúne as Almas"; o nome dos remos é "Que Faz Os Cabelos Ficarem Em Pé"; o nome do convés é "Bom"; e o nome do leme é "O Acerto do Meio"...[95] Concedei-me jarros de leite e bolos, filões de pão, canecas de bebida e carne no templo de Anúbis".

RUBRICA: Se este capítulo for conhecido [por Ani], ele ascenderá após ressuscitar do submundo.

---

95. O texto parece corrompido, ou no mínimo algumas palavras foram omitidas.

Ani ajoelhado próximo a uma lagoa onde cresce um sicômoro; na árvore aparece a deusa Nut despejando, de um jarro, água nas mãos de Ani.

O CAPÍTULO EM QUE SE RESPIRA O AR E SE OBTÉM PODER SOBRE AS ÁGUAS NO SUBMUNDO. Diz Osíris Ani: "Salve, sicômoro da deusa Nut! Dá-me da água e do ar que residem em ti. Eu abraço teu trono que se encontra em Unnu, e vigio e guardo o voo da Grande Galinha. Ele cresce, eu cresço; ele vive, eu vivo; ele respira o ar, eu respiro o ar, eu o Osíris Ani, em triunfo".

Ani sentado em uma cadeira diante de uma mesa de oferendas; na mão direita, porta o cetro *kherp* e na esquerda um cajado.

O CAPÍTULO EM QUE NÃO HÁ UMA SEGUNDA MORTE NO SUBMUNDO. DIZ OSÍRIS ANI: "Meu lugar de refúgio está aberto, meu lugar de refúgio é revelado! A luz brilhou nas trevas. O olho de Hórus determinou que eu existisse, e o deus Apuat cuidou de mim. Escondi-me em meio a vós, Ó estrelas que nunca se põem. Minha testa é como a de Rá; meu rosto está aberto; meu coração está em seu trono; pronuncio palavras e sei; em verdade, sou o próprio Rá. Não sou tratado com menosprezo, e não sofro violência. Teu pai, o filho de Nut, vive por ti. Sou teu primogênito, e vejo teus mistérios. Sou coroado como o rei dos deuses, e não morrerei uma segunda vez no submundo".

A múmia de Ani recebe o abraço de Anúbis, o deus dos mortos.

O CAPÍTULO DA NÃO CORRUPÇÃO NO SUBMUNDO. DIZ OSÍRIS ANI: "Ó tu que não tens movimento, assim como Osíris! Ó tu que não tens movimento, assim como Osíris! Ó tu cujos membros não têm movimento, como [os membros de] Osíris! Que teus membros não permaneçam sem movimento, que não se corrompam, que não pereçam, que não apodreçam; que se passe comigo como se eu fosse o deus Osíris".

RUBRICA: Se este capítulo for conhecido por Osíris Ani, ele não se corromperá no submundo.

Uma porta. De um lado se posiciona a alma de Ani na forma de um falcão com cabeça humana e do outro lado o pássaro [*bennu*?].

O CAPÍTULO EM QUE NÃO SE MORRE, MAS SE GANHA VIDA NO SUBMUNDO. Diz Osíris Ani: "Saudações, filhos de Shu! Saudações, filhos de Shu, [filhos do] local do amanhecer, aqueles que como filhos da luz conquistaram a posse de sua coroa. Que eu ascenda e avance como Osíris".

Ani o escriba em pé, de costas para uma rocha e uma faca.

O CAPÍTULO EM QUE NÃO SE ENTRA NA ROCHA. Diz Osíris Ani: "Os quatro ossos de meu pescoço e de minhas costas são rejuntados para mim no céu por Rá, o guardião da Terra. Isso foi concedido no dia em que se ordenou que eu saísse de minha fraqueza, levantando-me sobre meus dois pés, no dia que o cabelo foi cortado. Os ossos de meu pescoço e de minhas costas foram rejuntados por Set e pela assembleia dos deuses, como eram nos dias de outrora; que nada os separe. Fazei-[me] forte contra o assassino de meu pai. Recebi poder sobre as duas terras. Nut rejuntou meus ossos, e [eu] [os] vejo como eram nos dias de outrora, [e eu] [os] vejo na mesma ordem que tinham [quando] os deuses ainda não existiam em formas visíveis. Sou Penti, eu, Osíris o escriba Ani, triunfante, sou o herdeiro dos grandes deuses".

Prancha 17

Ani em pé, em adoração diante dos deuses, cada qual portando um cetro na mão esquerda e o símbolo da vida na direita.

O CAPÍTULO EM QUE UM HOMEM NÃO PODE PASSAR PARA O LESTE NO SUBMUNDO. Diz Osíris Ani: "Salve, virilidade de Rá, que avança e derrota a oposição; coisas sem movimento há milhões de anos ganham vida por intermédio do deus Baba. Assim me torno mais forte que os fortes, e recebo mais poder que aqueles que são poderosos. E, portanto, não serei soprado nem levado à força para o Leste para participar dos festivais dos monstros; tampouco sofrerei [eu] golpes cruéis com facas, nem serei cercado por todos os lados ou ferido pelos chifres [do deus Khepri]"...[96]

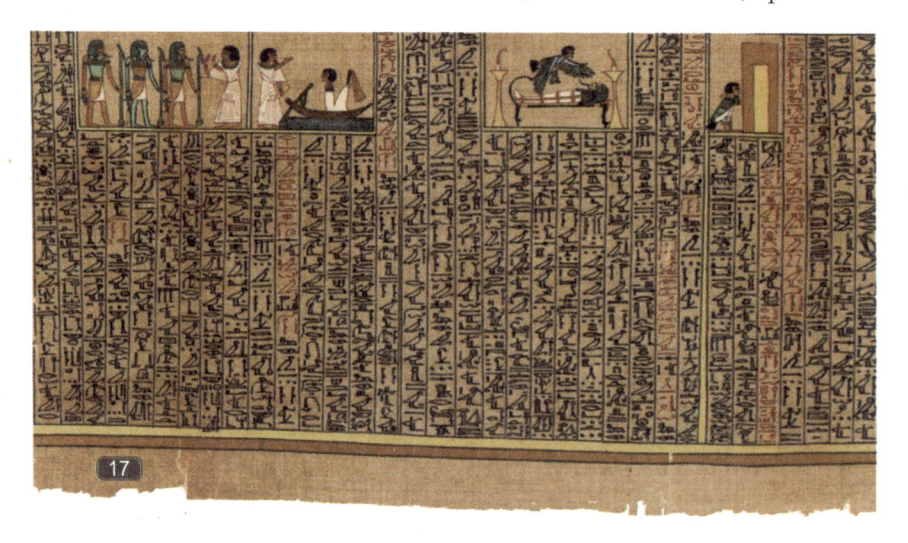

---

96. O texto do restante deste capítulo está corrompido.

Ani venerando um deus em um barco; a cabeça da divindade está virada para trás.

OUTRO CAPÍTULO.[97] [Diz Osíris Ani]: "Assim, nenhum mal me será feito pelos monstros, tampouco serei ferido pelos chifres [de Khepri]; e a virilidade de Rá, que é a cabeça de Osíris, não será engolida. Olha-me, eis que entro em minha morada, e colho o que se plantou. Os deuses falam comigo. Não os molestes, Ó Rá-Khepri. Em verdade, a doença não se manifestará no olho de Tmu, tampouco será ele destruído. Que eu atinja meu fim, que não seja levado para o Leste para participar dos festivais dos monstros que são meus inimigos; que eu não sofra nenhum golpe cruel. Eu, Osíris, o escriba Ani, o conferente das oferendas divinas de todos os deuses, triunfante com a vitória feliz, o senhor a ser reverenciado, não serei levado para o Leste".

O capítulo em que não se deixa a cabeça de um homem ser decepada no submundo. Diz Osíris Ani: "Sou o Grandioso, filho do Grandioso; sou Fogo, o filho do Fogo, a quem foi dada sua cabeça após ser decepada. A cabeça de Osíris não foi tomada dele; que a cabeça de Osíris Ani não seja dele tomada. Costurei meus ossos, e me fiz inteiro e são; tornei-me jovem novamente; sou Osíris, o Senhor da eternidade".

---

97. Em outros papiros anteriores, estes dois capítulos formam um; a divisão provavelmente foi um erro por parte do escriba.

A múmia de Ani deitada em uma liteira; acima, sua alma na forma de um pássaro com cabeça humana carrega *shen*, o emblema da eternidade, em suas garras. Diante da cabeça e dos pés há um incensário com fogo ardente.

O CAPÍTULO EM QUE A ALMA SE UNE AO CORPO NO SUBMUNDO. Diz Osíris Ani: "Salve, deus Annitu! Salve, Ó Aquele Que Se Move, morador de teu palácio! Ó tu, grande deus, permite que minha alma venha a mim de onde quer que esteja. [Se] [me] encontrares, Ó olho de Hórus, põe-me de pé como aqueles seres que são como Osíris e nunca terminam na morte. Não deixes que Osíris Ani, triunfante, triunfante, termine na morte em Annu, a região onde as almas se unem a seus corpos, milhares delas. Minha alma carrega consigo meu espírito vitorioso para onde ela for. Quando ela chegar, deixa que ela vislumbre meu corpo. [Se] tu [me] encontrares, Ó olho de Hórus, põe-me de pé como aqueles...[98] Saudações, vós deuses, remando no barco do Senhor de Milhões de Anos, rebocando-o acima do submundo, vós que o fazeis passar por sobre os caminhos de Nu, que deixais as almas entrarem em seus corpos glorificados, e cujas mãos são repletas de justiça, e cujos dedos seguram vossos cetros, dizimai o inimigo. O barco do Sol rejubila, e o grande deus avança em paz. Contemplai [vós deuses], permiti que esta alma de Osíris Ani renasça triunfante diante dos deuses, e triunfante diante de vós, desde o horizonte leste do céu, que vá ela até o local onde se encontrava ontem, em paz, em paz, em Amenta. Que contemple seu corpo, que descanse em seu invólucro glorificado, que nunca pereça, e que seu corpo nunca veja corrupção".

RUBRICA: A ser dita sobre uma [imagem] dourada de uma alma, incrustada de pedras preciosas, que deve ser colocada no pescoço de Osíris.

---

98. Algumas palavras foram omitidas.

Prancha 17

A alma de Ani, na forma de um pássaro com cabeça humana, em pé diante de um pilone.

O CAPÍTULO EM QUE A ALMA DE UM HOMEM NÃO FICA APRISIONADA NO SUBMUNDO. Diz Osíris Ani: "Salve, tu que és glorioso, que és adorado, tu poderoso entre as almas, tu o Carneiro (ou Alma), possuidor de terrível poder, tu que incutes medo no coração dos deuses, que és coroado no trono poderoso! És aquele que abre o caminho para o *khu* e para a alma de Osíris Ani. Sou provido [com aquilo de que preciso], sou um *khu* provido [com aquilo de que preciso], segui meu caminho até o lugar em que se encontram Rá e Hathor".

RUBRICA: Se este capítulo for conhecido por Ani, ele se tornará um ser iluminado, plenamente provido, no submundo. Nenhuma porta do submundo o impedirá de entrar e sair milhões de vezes.

Prancha 18

Ani em pé diante da porta da tumba; e a sombra de Ani, acompanhada por sua alma.

O CAPÍTULO DA ABERTURA DA TUMBA PARA A ALMA DA SOMBRA, DA RESSURREIÇÃO, E DO PODER SOBRE AS PERNAS. Diz Osíris, o escriba Ani, triunfante: "O local das amarras está aberto, aquilo que antes era fechado se abriu, e o lugar das amarras se abriu para minha alma [segundo determina] o olho de Hórus. Determinei e estabeleci glórias sobre o semblante de Rá. [Meus] passos são longos, [minhas] coxas se mexem; passei pelo caminho grandioso, e meus membros estão fortes. Sou Hórus, o vingador de seu pai, e trago a coroa *ureret* para descansar no lugar certo. O caminho das almas está aberto [para minha alma]. Minha alma vislumbra o grande deus no barco de Rá no dia das almas. Minha alma segue adiante em meio àqueles que contam os anos. Que ela venha; o olho de Hórus, que estabelece glórias sobre o semblante de Rá e raios de

Prancha 18

luz sobre as faces daqueles que estão com os membros de Osíris, libertou minha alma. Ó, não trancafieis minha alma, não acorrenteis minha sombra; que ela contemple o grande deus no santuário, no dia do julgamento das almas, e que repita as palavras de Osíris. Que aqueles seres cujas moradas são ocultas, que acorrentam os membros de Osíris, que aprisionam as almas do *khu*, que trancafiam as sombra[s] dos mortos e que são capazes de me fazer mal – que não me façam mal, que se afastem de mim. Teu coração está contigo; que minha alma e meu *khu* estejam preparados contra os ataques. Que eu me sente em meio aos grandes governantes que habitam suas moradas; que minha alma não seja aprisionada por aqueles que amarram os membros de Osíris, e que aprisionam almas, e que trancafiam as sombra[s] dos mortos. O local que tu possuis, por acaso não é o Céu?"

RUBRICA: Se este capítulo for conhecido, ele ressuscitará e sua alma não será trancafiada.

Ani ajoelhado, com ambas as mãos em adoração, ao lado do barco Seker,[99] colocado em seu trenó.

O CAPÍTULO DO ANDAR COM AS DUAS PERNAS, E DA CHEGADA À TERRA.

Diz Osíris Ani: "Tu fizeste o teu trabalho, Ó Seker, fizeste o teu trabalho, Ó Seker, em tua morada em minhas pernas no submundo. Fulguro acima da Perna[100] do Céu, ressurjo do firmamento; reclino-me com os espíritos glorificados. Eis que

---
99. O deus Seker era uma forma do sol noturno, como Ptá, Osíris e Tanen.
100. O nome de uma constelação.

sou fraco e frágil; eis que sou fraco e frágil! Ando. Sou fraco na presença daqueles que rangem os dentes no submundo, eu Osíris, o escriba Ani, triunfante na paz".

O emblema de Amenta e Ani em pé, com um cajado na mão esquerda.

O CAPÍTULO DA PASSAGEM POR AMENTA, E DA RESSURREIÇÃO. DIZ OSIRIS ANI: "A hora (?) se abre; a cabeça de Toth é selada; perfeito é o olho de Hórus. Libertei o olho de Hórus, que brilha com esplendor sobre o semblante de Rá, o pai dos deuses. Sou o mesmo Osíris que habita Amenta. Osíris sabe seu dia e sabe que não viverá ali; tampouco eu ali viverei. Sou a Lua entre os deuses; não chegarei ao fim. Levanta-te, portanto, Hórus; Osíris te inclui em meio aos deuses".

O CAPÍTULO DA RESSURREIÇÃO E DA VIDA APÓS A MORTE. Diz Osíris Ani: "Salve, Único, iluminado da Lua! Salve, Único, iluminado da Lua! Concede que este Osíris Ani ressuscite em meio às multidões que te cercam; permite que ele habite entre os iluminados; e deixa que o submundo se abra para ele. E contempla Osíris, Osíris Ani que ressuscita para cumprir sua vontade na terra, entre os vivos".

Ani, em pé com as mãos erguidas em adoração, diante de um carneiro coroado com plumas e disco; na frente do carneiro, há uma mesa com um jarro de libação e uma flor de lótus.

O CAPÍTULO DA RESSURREIÇÃO, APÓS A PASSAGEM PELA TUMBA. Diz Osíris Ani: "Salve Alma, tu, poderosa de força! Em verdade aqui estou, cheguei e te contemplo. Passei pelo submundo, vi [meu] pai Osíris, dispersei a escuridão da noite. Sou seu bem-amado. Cheguei; contemplo meu pai Osíris, feri Set no coração. Fiz as coisas [necessárias] a meu pai Osíris. Abri todos os caminhos no céu e na Terra. Sou o filho amado de seu pai Osíris. Tornei-me um governante. Tornei-me glorioso, estou provido [do que necessito]. Saudações a todos vós, deuses, todos vós, iluminados, criai um caminho para mim, o Osíris, o escriba Ani, triunfante".

Ani, com um cajado na mão esquerda, em pé, diante de uma porta.

O CAPÍTULO EM QUE UM HOMEM RETORNA PARA VER SEU LAR NA TERRA. Diz Osíris Ani: "Sou o deus-leão chegando com passadas largas. Lancei flechas, feri [a presa], feri a presa. Sou o olho de Hórus; abri o olho de Hórus em sua hora. Cheguei aos açudes. Que Osíris Ani venha em paz".

Ani espetando uma serpente.

O CAPÍTULO DAQUELE QUE RESSUSCITA CONTRA SEUS INIMIGOS NO SUBMUNDO. Diz Osíris Ani: "Dividi os céus, atravessei o horizonte. Cruzei a terra, [seguindo] os passos dele. Sou levado pelos poderosos e iluminados porque eis que estou provido de milhões de anos de virtudes mágicas. Como com minha boca, mastigo com minhas mandíbulas; e eis que sou o deus, sou o deus que é o senhor do submundo: Que seja dado a mim, Osíris Ani, aquilo que vive para sempre sem corrupção".

Prancha 19

Ani em pé, com as duas mãos em adoração, diante de Rá, com cabeça de falcão e sentado em um barco que flutua no céu. Na proa se senta Heru-pa-khrat (Harpócrates), ou "Hórus criança"; e a lateral é ornamentada com as penas de Maat, e o *utchat*. Os cabos dos remos e seus pontos de engate têm forma de cabeça de falcão, e nas pás são vistos dois *utchat*.

O CAPÍTULO DE LOUVOR A RÁ QUANDO ELE SE LEVANTA NO HORIZONTE, E QUANDO SE PÕE NA [TERRA DA] VIDA. Diz Osíris, o escriba Ani: "Honras a ti, Ó Rá, que te levantas [como] Tmu-Heru-khuti (Harmachis), Tu és adorado [por mim] quando tuas belezas se mostram diante de meus olhos, e quando teus raios fulgurantes [caem] sobre meu corpo. Tu segues em paz no barco sektet com [bons] ventos, e teu coração se alegra; [tu segues] no barco atet, com o coração alegre. Caminhas sobre

os céus em paz, e teus inimigos são derrotados; as estrelas incansáveis cantam hinos de louvor para ti, e as estrelas que nunca se põem te glorificam quando mergulhas no horizonte de Manu, Ó tu que és belo nas duas partes do céu, tu, senhor, que vives e és estabelecido, Ó meu senhor! Honras a ti, Ó tu que és Rá quando te levantas, e Tmu quando te pões em beleza. Tu nasces e brilhas sobre as costas de tua mãe [o céu], Ó tu, coroado rei dos deuses. Nut te presta homenagens, e a ordem eterna e imutável te recebe pela manhã e ao crepúsculo. Caminhas no céu, de coração alegre, e o Lago Testes fica em paz. O monstro foi derrotado, seus braços e mãos cortados, e a faca lhe desmembrou várias articulações do corpo. Rá tem ventos bons; o barco *sektet* singra até o porto. Os deuses do Sul e do Norte, do Oeste e do Leste te louvam, pois de ti brotam todas as formas de vida. Por tua palavra, a terra se inunda de silêncio, Ó tu, Único, que vives no céu desde muito antes que a Terra e as montanhas fossem feitas. Ó Aquele que Corre, Senhor e Único, criador das coisas que existem, tu moldaste minha língua na assembleia dos deuses, atraíste o que vem das águas e tu mesmo brotaste daqueles acima da terra alagada do Lago de Hórus. Faze-me respirar o ar que vem de tuas narinas, e o vento do norte que sopra de tua mãe [o Céu]. Tu, glorioso, torna-me iluminado, Ó Osíris, torna minha alma forte. Tu és venerado na paz, Ó senhor dos deuses, tu és glorificado em virtude de tuas obras maravilhosas. Brilha com teus raios de luz sobre meu corpo dia após dia, sobre mim, Osíris, o escriba, o conferente das ofertas divinas de todos os deuses, o zelador do silo dos senhores de Abidos, o real escriba da verdade, que ama aquele (Rá); Ani, triunfante na paz".

Ani, em pé, com as duas mãos em adoração. Atrás dele, sua esposa.

UM HINO DE LOUVOR. "Ó Osíris, senhor da eternidade, Un-nefer, Hórus dos dois horizontes, cujas formas são múltiplas, cujas criações são inúmeras, Ptá-Seker-Tem em Annu, o senhor da tumba, e o criador de Mênfis e dos deuses, o guia do submundo, a quem [os deuses] glorificam quando tu te pões em Nut. Ísis te abraça na paz, e ela afasta os monstros da boca de teus caminhos. Tu voltas a face sobre Amenta, fazes o mundo reluzir como metal *smu*. Os mortos se levantam para te contemplar, eles respiram o ar e vislumbram tua face quando o disco brilha no horizonte; seus corações estão em paz porque te contemplam, Ó tu que és eternidade e infinito".

"Honras a ti, [Ó senhor das] divindades estelares em An, e dos seres celestes em Kher-ba; tu, deus Unti, que és mais glorioso que os deuses que se ocultam em Annu.

Honras a ti, Ó An em Antes (?), Hórus, tu que habitas os dois horizontes, com passadas largas percorres o céu, Ó tu que habitas os dois horizontes.

Honras a ti, Ó alma da eternidade, tu, Alma que resides em Tattu, Un-nefer, filho de Nut; tu és senhor de Akert.

Honras a ti em teu domínio sobre Tattu; a coroa *urerit* é colocada sobre tua cabeça; tu és aquele cuja força está em si próprio, e tu resides na paz em Tattu.

Honras a ti, Ó senhor da acácia, o barco *seker* aguarda no trenó; tu afastas o Monstro, o obreiro do mal, e fazes com que o *utchat* descanse em seu posto.

Honras a ti, Ó tu que és poderoso em tua hora, grande e poderoso deus, habitante de An-rut-f, senhor da eternidade e criador do infinito; tu és o senhor de Suten-henen.

Honras a ti, Ó tu que te amparas na Justiça e na Verdade, és o senhor de Abtu, e teus membros se rejuntam em Ta-sertet; tu és aquele que odeia a fraude e a traição.

Honras a ti, Ó tu que estás em teu barco, que conduzes Hapi [o Nilo] em seu curso; a luz brilha sobre teu corpo, e tu habitas Nekken.

Honras a ti, Ó criador dos deuses, Rei do Norte e do Sul; Ó Osíris, vitorioso, governante do mundo em tuas graciosas estações; és o senhor do mundo.

Ó, concede-me um caminho que eu possa trilhar em paz, pois sou justo e verdadeiro; não falei mentiras intencionalmente, nem pratiquei o engodo".

Prancha 20

Osíris e Ísis em um santuário sepulcral.

UM HINO DE LOUVOR A RÁ QUANDO ELE SE LEVANTA NA PARTE LESTE DO CÉU. Aqueles que participam de seu cortejo se alegram, e eis que Osíris Ani, em triunfo, diz: "Salve, tu Disco, senhor dos raios, tu que te levantas no horizonte dia após dia. Ilumina com teus raios de luz a face de Osíris Ani, que é vitorioso: pois ele canta hinos de louvores a ti ao amanhecer, e te acompanha no crepúsculo com palavras de adoração. Que a alma de Osíris Ani, o triunfante, ressuscite contigo desde o céu, que ele singre no barco atet, que aporte no barco *sektet*, que abra seu caminho entre as estrelas incansáveis do firmamento".

Osíris Ani, em paz e triunfante, venera seu senhor, o senhor da eternidade, dizendo: "Honras a ti, Ó Hórus dos dois horizontes, que és Khepri e que criou a si mesmo; quando te levantas no horizonte e inundas com teus raios de luz as terras do Norte e do Sul, tu és belo, sim, belo, e todos os deuses se alegram quando te contemplam, o Rei do céu. A deusa Nebt-Unnet se assenta sobre tua cabeça; as porções do Sul e do Norte que a ela pertencem estão em tua testa; ela assume seu lugar diante de ti. O deus Toth se assenta na proa de teu barco para destruir totalmente todos os teus inimigos.

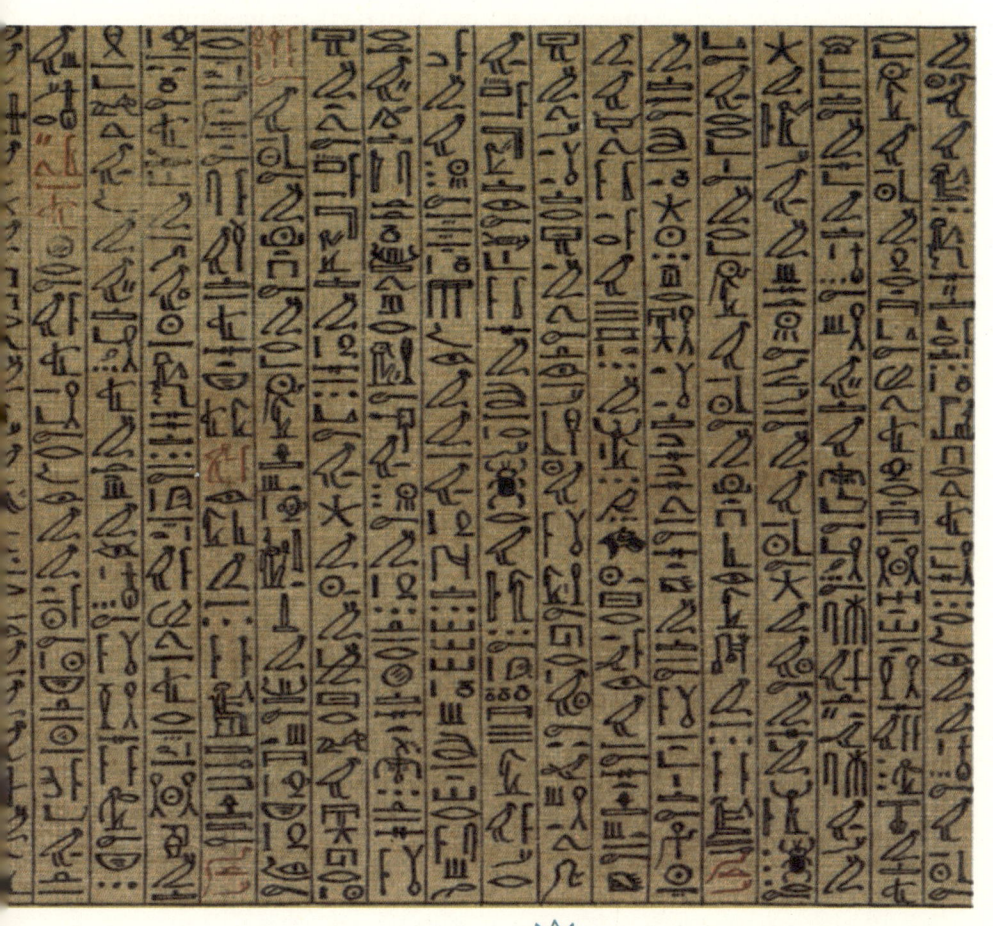

Aqueles que habitam o submundo se achegam para encontrar-te, curvando-se em reverência quando se aproximam de ti, e para contemplar [tua] linda imagem. E eu vim à tua presença para ficar contigo e vislumbrar teu Disco todos os dias. Que eu não seja enclausurado na tumba, que não seja recusado, que os membros de meu corpo sejam refeitos quando eu vir tuas belezas, como fazem todos os que recebem tua graça, pois sou um daqueles que te veneram enquanto vivem na terra. Que eu entre no país da eternidade, que alcance a terra eterna, pois eis, Ó meu senhor, que assim decidiste por mim".

E eis que Osíris Ani, triunfante na paz, o ser triunfante, diz: "Honras a ti, Ó tu que te levantas em teu horizonte como Rá, que és estabelecido por uma lei que não muda e não pode ser alterada. Passas pelo céu, e todos os rostos te contemplam e observam teu curso, pois estiveste oculto dos olhos de todos. Tu te mostras ao amanhecer e no crepúsculo dia após dia. O barco sektet, onde está tua majestade, singra com poder; teus raios iluminam [todas] as faces; [a quantidade] de teus raios amarelos é desconhecida, tampouco se conhece teus raios brilhantes. As terras dos deuses, e as cores das terras no leste de Punt, devem ser vistas antes que aquilo que se esconde [em ti] seja medido [pelo homem]. Só e por conta própria tu te manifestas [quando] surges acima de Nu. Que Ani avance, como tu avanças; que nunca cesse [de marchar em frente], como tua majestade não cessa [de ir em frente], ainda que por um único momento; pois, com tuas passadas, percorre em um momento pequeno os espaços que exigiriam centenas de milhares e milhões de anos [para o homem passar; isto] tu fazes e, depois, te deitas. Dás um fim às horas da noite e não as enumera; tu as termina conforme teu tempo, e a terra se torna luz. Tu te pões diante de tuas obras à semelhança de Rá; tu te levantas no horizonte".

Osíris, o escriba Ani, triunfante, declara seu louvor a ti quando tu brilhas, e quando te levantas ao amanhecer ele celebra teu nascimento: "Tu és coroado com a majestade de tuas belezas; tu moldas teus membros enquanto avanças, e os dá à luz sem as dores do parto na forma de Rá, enquanto sobes até o ar superior. Concede-me entrar no céu, que é eterno, e chegar à montanha [onde habitam] aqueles por ti agraciados. Que eu me junte àqueles iluminados, sagrados e perfeitos que se encontram no submundo; e que eu ressuscite com eles para contemplar tuas belezas quando brilhares ao crepúsculo e te juntares à tua mãe Nut. [Ed. O texto continua na prancha seguinte.]

Prancha 21

TU MOSTRAS TEU DISCO NO OESTE, E MINHAS MÃOS [SE ERGUEM] EM ADORAÇÃO [A TI] QUANDO REPOUSAS COMO SER VIVO. Eis que tu és o criador da eternidade, e és adorado [quando] te pões nos céus. A ti dei meu coração sem hesitar. Ó tu, que és mais poderoso que os deuses".

Osíris Ani, triunfante, diz: "Um hino de louvor a ti, Ó tu que te levantas em ouro, e inundas o mundo de luz no dia de teu nascimento. Tua mãe te dá à luz sobre a mão [dela], e tu permeias de luz o percurso do Disco. Ó tu, poderosa Luz, que iluminas o firmamento, fortaleces as gerações de homens com a enchente do Nilo, e trazes alegria a todas as terras, e em todas as cidades, e em todos os templos. És glorioso por teus esplendores e tornas forte teu *ka* com alimento *hu* e *tchefau*. Ó tu que és o poderoso e vitorioso, tu que és o Poder de [todos os] Poderes, que fortaleces teu trono contra o poder da perversidade, que és glorioso em majestade no barco *sektet*, e esplendidamente poderoso no barco *atet*, torna glorioso Osíris Ani, com a vitória no submundo; concede-lhe, no submundo, ficar livre de pecado. Rogo-te que passe para trás [dele] suas faltas; permite que seja um de teus veneráveis servos, que são os iluminados; que ele se junte às almas que se encontram em Ta-sertet; e que faça a jornada até o Sekhet-Aaru por um caminho próspero e feliz, ele o Osíris, o escriba Ani, triunfante.

Tu renascerás no céu, passarás pelo firmamento, juntar-te-ás às divindades estreladas. Louvores serão a ti oferecidos em teu barco, hinos a ti serão cantados no barco atet, tu vislumbrarás Rá em seu santuário, repousarás ao lado de seu disco dia após dia, verás o peixe ant quando ele surgir nas águas de turquesa, e verás o peixe abtu em sua hora. Que o Maligno caia quando preparar uma armadilha para me destruir, e que as articulações de seu pescoço e de suas costas sejam desmembradas.

Rá [veleja] com vento favorável, e o barco sektet aporta. Os marujos de Rá se alegram, e o coração de Nebt-ankh se alegra, pois o inimigo de seu senhor caiu ao chão. Tu vislumbrarás Hórus na vigília [no Barco], e Toth e Maat, cada um a seu lado. Todos os deuses se regozijam quando contemplam Rá chegando em paz, para deixar que os corações dos iluminados vivam. Que Osíris Ani, triunfante, o escriba das oferendas divinas dos senhores de Tebas, esteja com eles".

Rá, cabeça de falcão, com o disco sobre a cabeça e o emblema da vida sobre os joelhos, sentado na barca solar; diante dele, Ani, com as mãos em adoração.

PARA SER DITO NO DIA DO MÊS.[101] Osíris Ani, o escriba, triunfante na paz, triunfante, diz: "Rá se levanta em seu horizonte, e a assembleia de seus deuses seguem o deus quando ele se mostra a partir de seu local sagrado, quando ele demonstra força e avança desde o horizonte leste do céu, à palavra da deusa Nut. Eles se alegram com a jornada de Rá, o Ancião; o Grandioso prossegue

---

101. Este capítulo tem o título geral de "O Livro em que o *khu* é aperfeiçoado (ou fortalecido) no submundo, na presença da grande assembleia dos deuses".

em seu curso. Tuas articulações são recolocadas,[102] Ó Ra, dentro de teu santuário. Tu respiras os ventos, tu atrais as brisas, fazes os ossos de tuas mandíbulas comerem em tua morada, no dia em que exalas justiça e verdade. Tu mandas de volta os seguidores divinos [que] singram atrás do barco sagrado, para que possam retornar até os poderosos, de acordo com tua palavra. Enumeras teus ossos, rejuntas teus membros; tu voltas a face para a beleza de Amenta; surges renovado dia após dia. Eis tu, Imagem de ouro, que possuis os esplendores do Disco do céu, tu senhor do terror; tu passas e és renovado dia após a dia. Salve, há celebração no horizonte celestial, e gritos de júbilo alcançam as coisas que te rebocam. Que os deuses que habitam o céu prestem louvores a Osíris Ani, quando o contemplarem em triunfo, como Rá. Que Osíris, o escriba Ani, seja um príncipe conhecido pela coroa *ureret*; e que as oferendas de comida e bebida de Osíris Ani, triunfante, lhe sejam dadas; que ele seja excepcionalmente forte em seu corpo; e que se torne o líder daqueles que se encontram na presença de Rá. Que Osíris, o escriba Ani, triunfante, seja forte sobre a Terra e no mundo sob a Terra; e Ó Osíris, escriba Ani, triunfante, que tu te levantes fortalecido como Rá dia após dia. Osíris Ani, triunfante, não será detido nem permanecerá sem movimento na Terra para sempre. Claramente, claramente, ele verá com seus dois olhos, e com seus ouvidos ouvirá o que é justo e verdadeiro. Osíris, o escriba Ani, triunfante, volta, volta de Annu; Osíris Ani triunfante, é como Rá quando agita os remos em meio aos seguidores de Na. [Ed. O texto continua na prancha seguinte.]

---

102. Ou "tu és glorificado".

Prancha 22

OSÍRIS ANI, TRIUNFANTE, não revelou o que viu, não expôs o que ouviu na morada que é oculta. Salve, eis os gritos de júbilo a Osíris Ani, triunfante, pois ele é um deus e a carne de Rá, ele se encontra no barco de Nu, e seu *ka* se alegra de acordo com a vontade do deus. Osíris Ani, triunfante, está em paz, é triunfante como Hórus, e é poderoso porque tem várias formas".

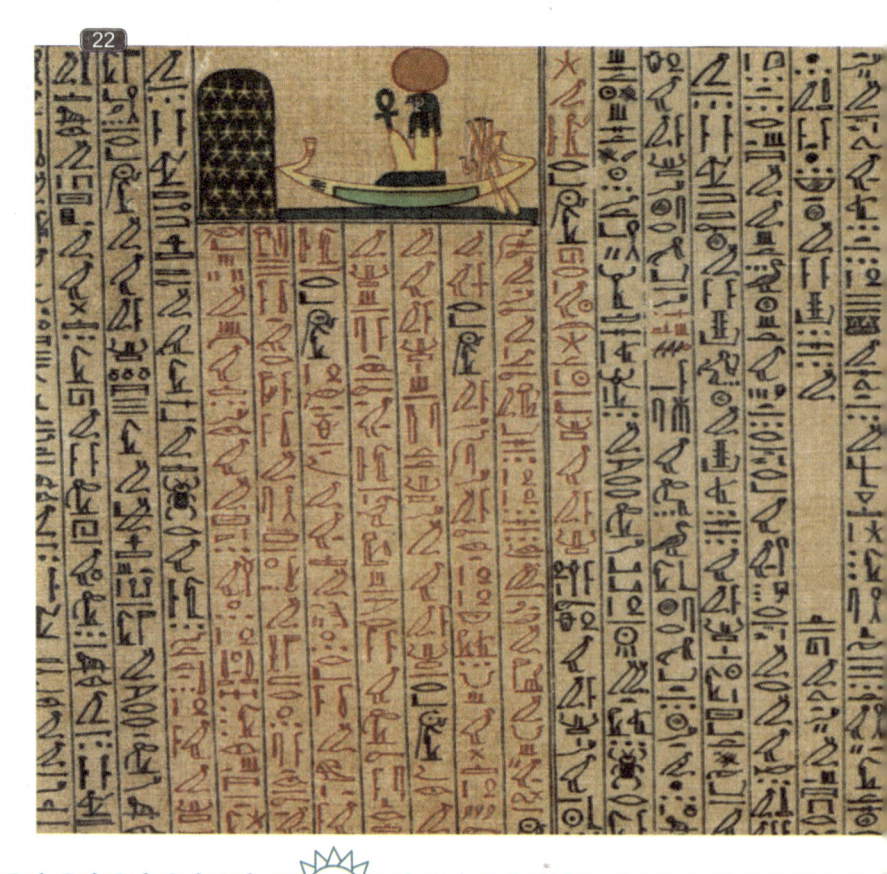

Prancha 22

Rá, sentado em um barco, velejando pelo céu em direção ao firmamento cravejado de estrelas.

RUBRICA: Estas palavras serão recitadas por cima de um barco com sete cúbitos de comprimento, e pintado de verde para os governantes divinos. Em seguida, tu farás um céu de estrelas, lavado e purificado com natro e incenso. Eis que tu farás uma imagem de Rá sobre uma mesa de pedra, pintado de amarelo (?), e que deve ser colocada na parte dianteira do barco. Farás também uma imagem do homem morto que tu tornarás perfeito em força no barco; e farás com que ela viaje no barco divino de Rá, e o próprio Rá a vigiará. Não a mostrarás a nenhum homem além de ti, ou teu pai ou teu filho; que eles contemplem com seus rostos, e ele será visto no submundo como um mensageiro de Rá.

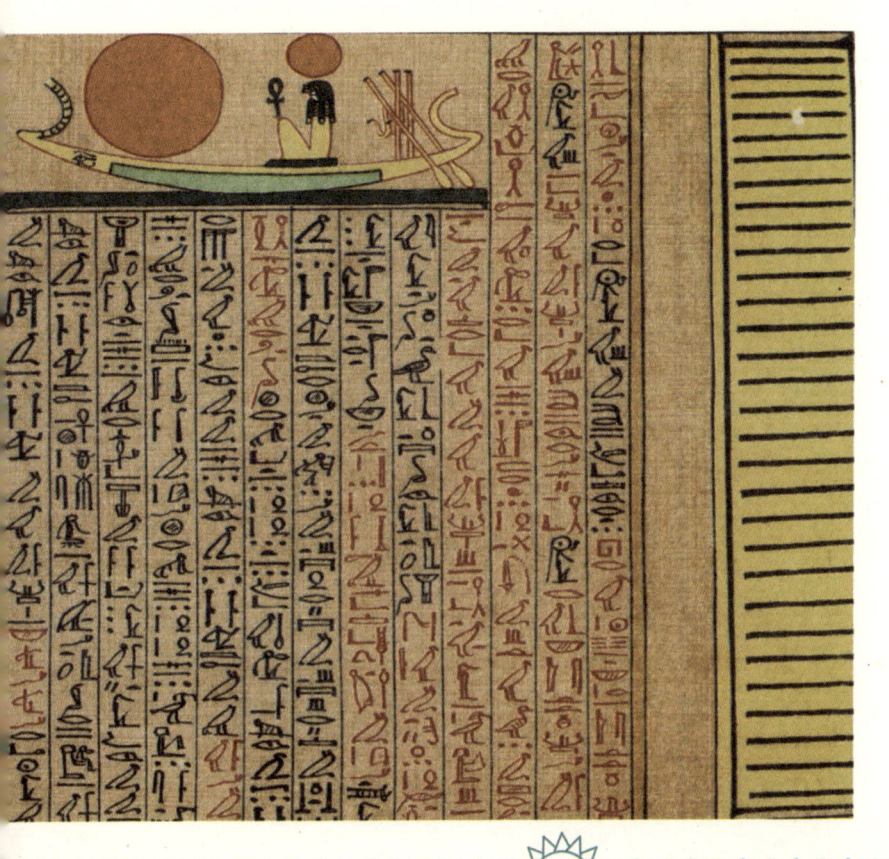

Rá, cabeça de falcão, com um disco sobre a cabeça, sentado em um barco; diante dele, um grande disco.

UM HINO DE LOUVOR A RÁ NO DIA DO MÊS EM QUE ELE VELEJOU NO BARCO. [Osíris, o escriba Ani, diz]: "Honras a ti, Ó tu que estás em teu barco! Tu te levantas, fulguras com teus raios e fizeste a humanidade se alegrar por milhões de anos, segundo tua vontade. Tu mostras tua face para os seres que criaste, Ó Khepri, em teu barco. Depuseste Apepi. Ó, vós, filhos de Seb, derrubai os inimigos de Osíris Ani, triunfante, dizimai os adversários da justiça do barco de Rá. Hórus decepará vossas cabeças no céu como se fossem patos; caireis sobre a terra e sereis transformados em animais, e sobre a água sereis à semelhança dos peixes. [Osíris, o escriba Ani,] destrói toda criatura hostil, macho e fêmea, quando atravessa os firmamentos, [ou] aparece sobre a terra, ou surge nas águas, ou passa diante das divindades estreladas; e Toth as fortaleceu... surgindo de Anreti. Osíris, o escriba Ani, silencioso, se torna o segundo de Rá. Contempla, pois, o deus, o grande matador que deve ser temido, ele se lava em teu sangue, e se banha em tuas entranhas; Osíris, o escriba Ani, os elimina do barco de seu pai Rá-Hórus. A mãe Ísis dá à luz Osíris, o escriba Ani, triunfante, cujo coração vive, e Néftis o amamenta; como faziam com Hórus, que afastou as bestas de Sut. Eis que viram a coroa *urertu* posta sobre sua cabeça, e se prostraram diante dele. Contemplai, Ó iluminados, homens e deuses, vós os condenados; e ao contemplar Osíris Ani, triunfante como Hórus e adorado em virtude da coroa *ureret*, prostrai-vos; pois Osíris Ani é vitorioso contra seus inimigos nos céus acima e [na terra] abaixo, na presença dos governantes divinos de todos os deuses e deusas".

RUBRICA: Essas palavras serão recitadas por cima de um grande falcão com a coroa branca sobre a cabeça. Em seguida, os nomes de Tmu, Shu, Tefnut, Seb, Nut, Osíris, Ísis, Néftis serão escritos com cor verde sobre uma mesa nova, ungida com unguentos e colocada em um barco, junto a uma figura do homem morto. Depois, colocarão incenso sobre o fogo, e assarão patos. Este é um rito de Rá, quando seu barco chega; e permitirá ao morto seguir com Rá a todos os lugares para onde ele velejar, e os inimigos de Rá serão dizimados, em verdade. O capítulo do barco sektet será recitado no sexto dia do festival.

A escada pela qual a alma passa do submundo para o corpo.

Prancha 23-24

Toda a Prancha 23 e parte da Prancha 24 (ver páginas 106-107) contêm uma repetição do 18º capítulo do *Livro dos Mortos*, que também aparece nas Pranchas 13 e 14. A disposição dos deuses na vinheta, porém, é um pouco diferente.

No lado direito da Prancha 24 aparecem Ani e sua esposa venerando três deuses, que estão sentados sobre um pilone ou um pedestal em forma de porta.

O CAPÍTULO DA CHEGADA À PRESENÇA DOS GOVERNANTES DIVINOS DE OSÍRIS. Osíris, o escriba Ani, triunfante, diz: "Minha alma construiu para mim uma morada em Tattu. Ganhei força na cidade Pe. Arei [meus] campos em todas as minhas formas, e minha palmeira se ergue lá como que para o deus Amsu. Não me alimento daquilo que abomino, não me alimento daquilo que desprezo; aquilo que abomino,

abomino, e não me alimento de imundície. Há boas oferendas de comida e carne para aqueles que não serão, desse modo, destruídos. Não me levanto sobre meus dois braços diante de nenhuma abominação, nem caminho com meus sapatos, pois meu pão é [feito] de grãos brancos, e minha cerveja da cevada vermelha do Nilo. O barco *sektet* e o barco *atet* os trazem a mim, e me alimento deles sob as árvores, cujos belos ramos conheço pessoalmente. Quão gloriosa deixo a coroa branca [quando] levanto os ureus! Salve, guardião da porta, tu que dás paz às duas terras, traze a mim aqueles que fazem oferendas! Concede-me elevar a terra; que os iluminados abram os braços para mim; que a assembleia dos deuses fale, com as palavras dos iluminados, a Osíris Ani; que os corações dos deuses [o] guiem; e que façam dele poderoso no céu em meio aos deuses que assumiram formas visíveis. Sim, que todo deus e toda deusa por qual ele passar faça Osíris, o escriba Ani, triunfante no ano-novo. Ele se alimenta de corações e os consome quando vem do Leste. Foi julgado pelo precursor da luz. Ele é um dos iluminados no céu, em meio aos poderosos. O alimento de Osíris, o escriba Ani, triunfante, são os bolos e a cerveja feitos para ele. Entro através do Disco, saio através do deus Ahui. Falo com os seguidores dos deuses, falo com o Disco, falo com os iluminados, e o Disco me permite ser vitorioso na escuridão da noite em Meh-urt, próximo à sua fronte. Eis que sou Osíris, e proclamo aquilo que ele diz em meio aos poderosos. Ele me fala as palavras dos homens, e escuto e lhe replico com as palavras dos deuses. Eu, Osíris Ani, triunfante, venho como aquele que está provido para a jornada. Tu te levantas [em justiça e verdade] para aqueles que amam justiça e verdade. Sou um iluminado vestido de poder, mais poderoso que qualquer outro iluminado".

Prancha 25-26

Um pardal pousado sobre um objeto cônico pintado de vermelho e verde.

AQUI COMEÇAM OS CAPÍTULOS DAS TRANSFORMAÇÕES. A TRANSFORMAÇÃO EM UM PARDAL. Diz Osíris Ani, triunfante: "Sou o pardal, [sou] o pardal, [sou] ou escorpião, a filha de Rá. Saudações a vós, deuses, cujo aroma é doce; saudações a vós, deuses, cujo aroma é doce! Salve, tu, Chama, que chega do horizonte!

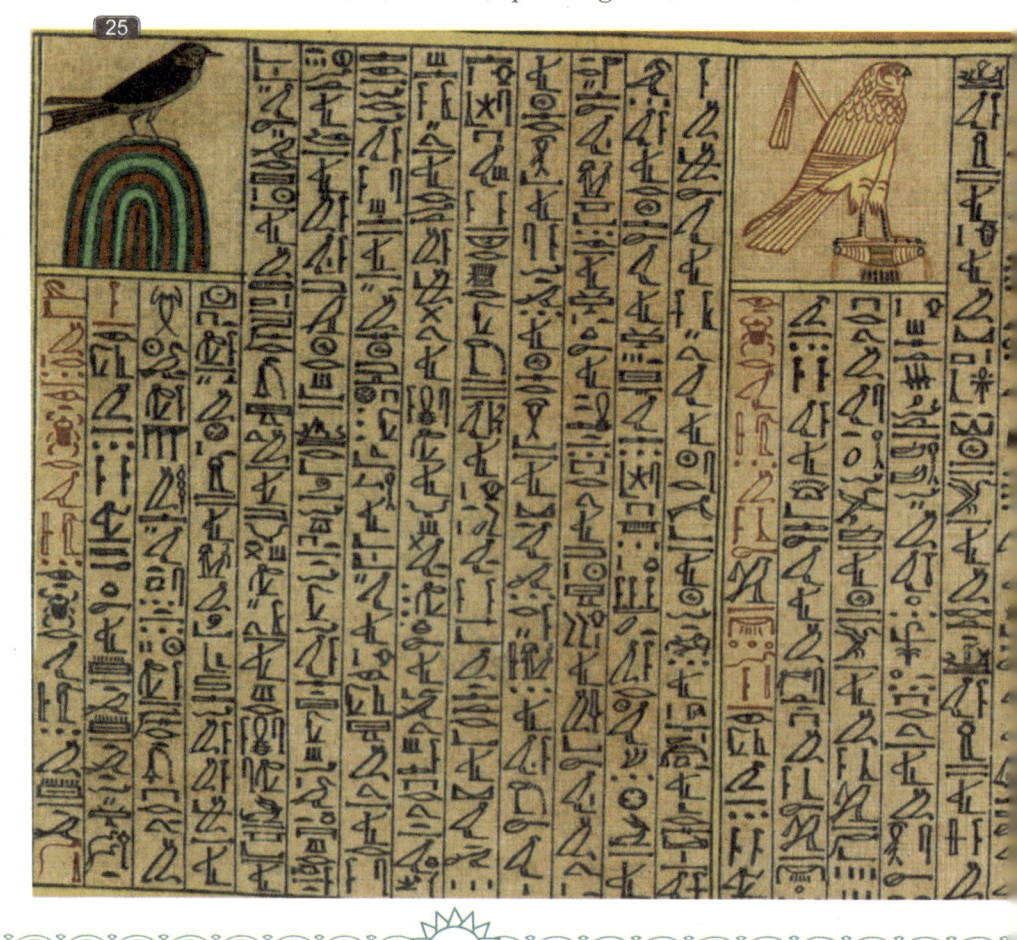

Salve, tu que estás na cidade. Que o Guardião da Baía me conduza. Ó estende a mim tuas faixas para que eu possa passar meus dias na Ilha de Chama. Viajo com permissão que me garante o poder. Que as portas se abram para mim. Como contarei o que lá vi? Hórus é o próprio príncipe da barca sagrada, e o trono de seu pai lhe foi dado. Sut, o filho de Nut, também sofreu a queda que planejara para Hórus. Aquele que está em Sekhem me julgou. Estendi minhas mãos e meus braços para Osíris. Fui julgado e posso falar; permite-me prosseguir e transmitir minha mensagem. Entro, pois já fui julgado; chego à porta de Neb-er-tcher, enobrecido e glorificado. No grande palácio da passagem [das almas], consideram-me puro. Livrei-me de minhas faltas.

Eliminei minhas ofensas. Descartei-me de todos os pecados que eram parte de mim. Eu, sim, estou puro; eu, sim, sou poderoso. Ó, vós, porteiros, segui meu caminho [até vós]. Sou como vós. Ressuscitei. Caminhei com minhas pernas, e tenho o poder de andar por onde se encontram os iluminados. Eu, sim, eu, conheci os caminhos ocultos até as portas do Campo de Aaru; e, ainda que meu corpo esteja sepultado, deixai-me reviver; e que eu ressuscite e derrube todos os meus inimigos sobre a terra".

RUBRICA: Se este capítulo for conhecido [pelo homem morto], ele ressuscitará em Neter-khert, e lá reentrará. Se este capítulo não lhe for conhecido, não reentrará nem ressuscitará.

Um falcão dourado segurando um mangual, emblema do governante.
CAPÍTULO DA TRANSFORMAÇÃO EM UM FALCÃO DOURADO. Diz Osíris Ani: "Que eu, sim, eu, me levante na câmara *seshet*, como um falcão de ouro saindo do ovo. Que eu voe e plane como um falcão, tendo minhas costas sete cúbitos de largura, e com asas feitas de esmeraldas do Sul. Que eu me erga do barco *sektet* e que me tragam meu coração desde a montanha do Leste. Que eu embarque no barco *atet*, e que aqueles em suas assembleias venham à minha presença e se curvem diante de mim. Que eu me levante, recomposto como o lindo falcão dourado [que possui] a cabeça de um pássaro *bennu*. Que entre na presença de Rá todos os dias para ouvir suas palavras, e que me sente em meio aos deuses poderosos de Nut. Que uma morada seja feita para mim, e oferendas de comida e bebida postas à minha frente. Que eu as coma; que me torne um iluminado também; que me torne satisfeito plenamente em meu desejo; que o trigo sagrado me seja entregue para que eu o coma. Que eu, por minha conta, tenha poder sobre o guardião de minha cabeça".

Um falcão verde, segurando um mangual, em pé sobre um pedestal em forma de pilone.

O CAPÍTULO DA TRANSFORMAÇÃO EM UM FALCÃO SAGRADO.

Diz Osíris Ani: "Salve, poderoso, vem para Tattu. Faze meus caminhos, e deixa-me passar [para uma visita aos] meus tronos. Faze-me renovado e forte. Concede-me ser temido, que eu seja um terror. Que os deuses do submundo me temam, e que lutem por mim em suas moradas. Não permitas que aqueles que querem me fazer mal se aproximem de mim. Saudações, vós deuses que ouvem minhas palavras! Saudações, governantes, vós que estais entre os seguidores de Osíris. Silenciai-vos, pois, Ó deuses, [quando] o deus falar comigo; ele ouve o que é justo e verdadeiro. Quando falo com ele, que tu, Ó Osíris, fale também. Concede-me seguir meu percurso de acordo com a ordem que vem de tua boca, a meu respeito. Que eu veja tuas formas; que compreenda a tua vontade. Permite-me ressuscitar, que eu tenha poder sobre minhas pernas e que seja como Neb-er-tcher em seu trono. Que os deuses do submundo me temam, e lutem por mim em suas moradas. Concede-me seguir meu caminho como os seres divinos que se levantam. Que em meu local de repouso eu seja como o Senhor da Vida; que me junte a Ísis, a Senhora divina. Que os deuses me deixem forte novamente contra aquele que deseja me fazer mal, e que ninguém me veja cair indefeso. Que eu passe pelos caminhos, que alcance as partes mais longínquas do céu. Rogo por audiência com Seb, suplico a Hu e a Neb-er-tcher que os deuses do submundo me temam, e que lutem por mim em suas moradas quando virem que tu me proveste com a ave do ar e o peixe o mar.

Sou um dos iluminados que vivem nos raios de luz. Assumi a forma [do deus] que surge e se manifesta em Tattu; pois me tornei digno de honra em virtude da honra desse deus, e ele a ti falou de coisas a meu respeito. Certamente, ele fez com que o medo de mim [se manifeste] e criou, de mim, o terror! Os deuses do... [Ed.: O texto continua na prancha seguinte.]

"... submundo me temem, e lutam por mim [em suas moradas]. Eu, em verdade, sou um iluminado e habitante da luz, e fui criado e surgi a partir do corpo do deus. Sou um dos iluminados que habitam a luz, aqueles que o próprio Tmu criou, e que surgiram dos cílios de seu olho. Ele cria e glorifica e enobrece o rosto daqueles que vivem com ele. Eis o Único em Nu! A ele são prestadas homenagens quando nasce do horizonte, e o temem os deuses; e os iluminados com ele ganharam a existência.

Sou Aquele entre os vermes que o olho do Senhor, o Único, criou. E eis que antes de Ísis existir, e quando Hórus ainda não existia, eu já era forte e próspero. Fiquei mais velho e mais grandioso que aqueles que se encontravam entre os iluminados e que com ele ganharam a existência; e eu, sim, eu, ressurgi na forma de um falcão sagrado, e Hórus me tornou digno na forma de sua própria alma, apto a tomar posse de tudo o que pertence a Osíris no submundo. O deus-leão duplo, o guardião das coisas que pertencem à casa da coroa *nemmes*, em seu esconderijo, disse-me: "Volta às alturas do céu, uma vez que por intermédio de Hórus tu és glorificado em tua forma; a coroa nemmes não

Prancha 25-26

é para ti; terás o poder da voz até os confins do céu". Eu, o guardião, tomo posse das coisas que pertencem a Hórus e Osíris no submundo. Hórus me diz em voz alta aquilo que seu pai disse a meu respeito em anos [já passados], no dia do sepultamento [de Osíris]. Dei a ti a nemmes do deus-leão duplo que possuo, para que sigas adiante e percorras o caminho do céu, e para que aqueles que residem nos confins do horizonte te vejam, e que os deuses do submundo te temam e lutem por ti em suas moradas. O deus Auhet é um deles. Os deuses, os senhores das fronteiras do céu, aqueles que guardam o santuário do senhor, o Único, caíram sob minhas palavras, ruíram sob [minhas] palavras. Salve! Aquele que é glorificado em sua tumba está ao meu lado, e colocou sobre minha cabeça a coroa *nemmes*.

O deus-leão duplo assim decretou, o deus Auhet abriu um caminho para mim. Eu, sim, eu, sou glorificado, e o deus-leão duplo colocou a coroa *nemmes* sobre minha cabeça, e a mim foi dada a cobertura sobre a cabeça. Com sua grande força e grande poder, ele situou meu coração, e não cairei por meio de Shu. Sou Hetep, o senhor dos dois ureus, o ser que é adorado. Conheço o deus iluminado, e seu fôlego está em meu corpo. Não serei rechaçado pelo Touro que faz os homens tremerem, mas entrarei todos os dias na morada do deus-leão duplo, e ressurgirei de lá na casa de Ísis. Vislumbrarei coisas sagradas que permanecem ocultas, e ritos sagrados ocultos serão feitos a mim. Verei o que existe; minhas palavras engrandecerão a majestade de Shu, e afastarão o mal. Eu, sim, eu, sou Hórus que vive em esplendores. Obtive poder sobre sua coroa, tenho poder sobre seu fulgor, percorri os cantos mais remotos do céu. Hórus está em seu trono, Hórus está em sua cadeira. Minha face é como a de um falcão divino. Fui armado pelo meu senhor. Ressurgi de Tattu. Vi Osíris, soergui-me a cada lado dele. Nut [me cobriu]. Os deuses me veem, e eu contemplei os deuses. O olho de Hórus me consumiu, aquele que habita a escuridão. Os deuses estendem os braços a mim. Levanto-me, obtenho o domínio e afasto o mal que me opõe. Os deuses abrem para mim um caminho sagrado, eles veem minha forma e ouvem minhas palavras que digo na presença deles. Ó, vós deuses do submundo, que se colocaram contra mim, e resistem aos poderosos, as estrelas que nunca se põem guiaram-me em meu caminho.

  Passei pelos caminhos sagrados da câmara *hemtet* até vosso senhor, a Alma poderosíssima e terrível. Hórus vos ordenou e deveis me contemplar. Ressuscitei à semelhança de um falcão divino, e Hórus me redefiniu com a semelhança de sua própria alma, para que eu tome posse daquilo que pertence a Osíris no submundo. Passei pelo caminho, viajei muito e cheguei até aqueles que vivem em

seus esconderijos e guardam a morada de Osíris. Falo a eles de seu poder e os faço conhecer o poder terrível daquele que possui dois chifres [para lutar] contra Sut; e eles sabem quem levou o alimento sagrado que o poder (?) de Tmu trouxera para ele. Os deuses do submundo proclamaram uma recepção feliz para mim. Ó vós que viveis em vossos esconderijos e guardais a morada de Osíris, com vossos nomes enobrecidos, concedei que eu chegue até vós. Eu uno e reúno vossos poderes, e defino a força dos caminhos daqueles que guardam o horizonte de *hemtet* do céu. As moradas deles eu estabeleci para Osíris, segui suas determinações de Osíris; fiz o que me foi ordenado. Ressurjo de Tattu, contemplei Osíris, falei com ele a respeito das coisas de seu filho, o divino Príncipe que ele ama. Há uma ferida no coração de Set, e vi aquele que jaz sem...
[Ed.: o texto continua na prancha seguinte.]

Prancha 27

...vida. Ó, fiz todos conhecer os planos dos deuses que Hórus elaborou a pedido de seu pai Osíris. Salve senhor, tua terrível e poderosíssima alma! Deixa-me chegar, sim, deixa-me levantar! Abri e passei pelo submundo. Abri os caminhos dos guardiões do céu e dos guardiões da Terra. Não fui rechaçado por eles; e ergui tua face, Ó senhor da eternidade".

A serpente Seta, com pernas humanas.

O CAPÍTULO DA TRANSFORMAÇÃO EM SETA. Osíris Ani, triunfante, diz: "Sou a serpente Seta, cujos anos são muitos. Deito-me e nasço dia após dia. Sou a serpente Seta, que reside nos limites da Terra. Deito-me, nasço, renovo-me, rejuvenesço dia após dia".

Um crocodilo sobre um pilone ou uma porta.

O CAPÍTULO DA TRANSFORMAÇÃO EM UM CROCODILO. Diz Osíris Ani, triunfante: "Sou o crocodilo que reside no terror, sou o crocodilo sagrado e causo destruição. Sou o grande peixe em Kamui. Sou o senhor a quem se presta homenagem em Sekhem; e Osíris Ani é o senhor a quem se presta homenagem em Sekhem".

O deus Ptá em um santuário, diante do qual há uma mesa de oferendas.

O CAPÍTULO DA TRANSFOFMAÇÃO EM PTÁ. Diz Osíris Ani, triunfante: "Como pão, bebo cerveja, visto o traje, voo como um falcão, grasno como um ganso e pouso no caminho ao lado da colina dos mortos no festival do

PRANCHA 27

grande Ser. Aquilo que é abominável, aquilo que é abominável, não comi; e aquilo que é nefasto não engoli. Aquilo que meu *ka* abomina não entrou em meu corpo. Vivi de acordo com o conhecimento dos deuses gloriosos. Vivo e ganho força do pão desses deuses, e ganho força quando dele me alimento sob a sombra da árvore de Hathor, minha senhora. Faço uma oferenda, e faço pão em Tattu, e oblações em Annu. Visto-me com as túnicas da deusa Matait, e me levanto e me sento onde meu coração desejar. Minha cabeça é como a cabeça de Rá; quando meus membros se rejuntam, sou como Tmu. As quatro regiões de Rá são os limites da Terra. Ressuscito; minha língua é como a língua de Ptá, minha garganta é como a de Hathor, e meus lábios pronunciam as palavras de meu pai. Foi ele que deteve a aia, a esposa de Seb; e a ele se curvam em reverências [todas] as cabeças e ele é temido. Hinos de louvor são cantados em homenagem a meus feitos poderosos, e sou decretado herdeiro de Seb, o senhor da Terra, o protetor.

O deus Seb dá água fresca, faz de seus amanheceres os meus. Aqueles que habitam Annu curvam-se diante de mim, pois sou agora seu Touro. Fico mais forte a cada momento; minhas virilhas se fortalecem por milhões de anos".

Um Carneiro.

O CAPÍTULO DA TRANSFORMAÇÃO NA ALMA DE TMU. Diz Osíris Ani, triunfante: "Não entrei na casa de destruição; não me consumi até o nada, não conheci a corrupção. Sou Rá, que nasce de Nu, a Alma divina, o criador de seus próprios membros. Para mim, o pecado é uma abominação e não recorro a ele; não esbravejo contra a justiça e a verdade, nelas reside o meu ser. Sou o Deus Hu e nunca morro em meu nome de "Alma". Ganhei minha existência com Nu em meu nome de "Khepri". Em suas formas, surjo à semelhança de Rá. Sou o senhor da luz".

Prancha 27

Um pássaro *bennu*.

O CAPÍTULO DA TRANSFORMAÇÃO EM UM BENNU. Diz Osíris, o escriba Ani, triunfante na paz: "Surgi a partir da matéria não formada, criei a mim mesmo à imagem do deus Khepri, e cresci na forma das plantas. Oculto-me sob o aspecto de uma Tartaruga. Sou formado pelos átomos de todos os deuses. Sou o ontem dos quatro [quartos do mundo], e sou os sete ureus que surgiram no Leste, o poderoso que ilumina as nações com seu corpo. Ele é deus à semelhança de Set; e Toth vive entre eles segundo o julgamento do habitante de Sekhem e dos espíritos de Annu. Velejo entre eles, e chego; sou coroado, torno-me um iluminado, sou poderoso, torno-me puro entre os deuses. Sou o deus Khonsu que rechaça todos os que a ele se opõem".

[Apêndice][103] RUBRICA: Se este capítulo for conhecido, aquele que é purificado ressuscitará após o sepultamento e mudará de forma de acordo com o desejo de seu coração. Residirá entre os servos de Un-nefer, e se satisfará com o alimento de Osíris, e com as refeições da tumba. Ele vislumbrará o Disco do Sol, e viajará por sobre a terra com Rá. Será triunfante diante de Osíris, e estará livre do mal para sempre, e por toda a eternidade, para sempre.

---

103. A rubrica deste capítulo se encontra em outro papiro.

Prancha 28

Uma garça
O CAPÍTULO DA TRANSFORMAÇÃO EM UMA GARÇA. Diz Osíris, o escriba Ani: "Ganhei domínio sobre os animais trazidos para o sacrifício, com a faca sobre suas cabeças e pelos, para aqueles que habitam seus [campos] cor de esmeralda, os anciões e iluminados que preparam a hora de Osíris Ani, triunfante na paz. Ele dizima na Terra, e eu dizimo na Terra. Sou forte e passei pelo caminho sublime [que leva] ao céu. Fiz-me puro, com passadas longas cheguei à minha cidade, seguindo o caminho para Sepu (?). Estabeleci [aquele que está] em Unnu. Firmei os deuses em seus lugares, e tornei gloriosos os templos daqueles que vivem em seus santuários. Conheço a deusa Nut, conheço o deus Tatunen, conheço Teshert, trouxe comigo seus chifres. Conheço Heka. Ouvi suas palavras, sou o novilho vermelho no cercado. Quando ouvem [minhas palavras], os deuses dizem: 'Prostremo-nos em reverência, e que ele venha até nós; a luz brilha por trás de ti'. Minha hora chegou. Não disse [o mal] no lugar da justiça e da verdade, e a cada dia avanço

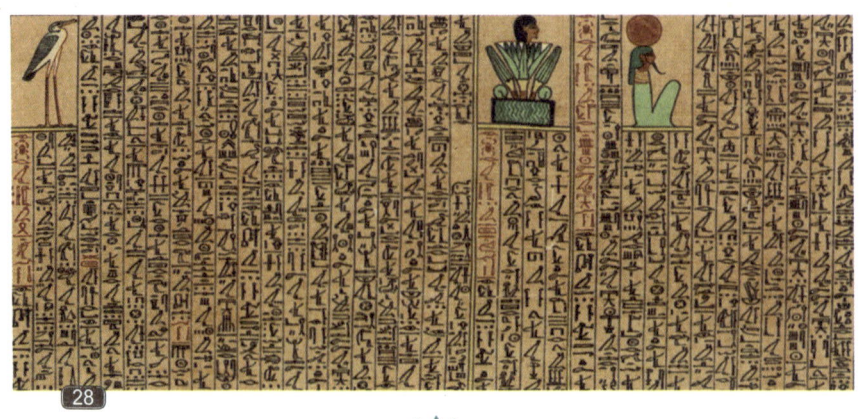

em justiça e verdade. Estou envolto na escuridão quando velejo para o alto, a fim de celebrar o festival do morto e embalsamar o Ancião, o guardião da Terra – Sou Osíris, o escriba Ani, triunfante! Não entrei nos esconderijos das divindades estreladas. Dei glória a Osíris. Apazíguei o coração dos deuses que o seguem. Não senti medo daqueles que causam terror, daqueles que habitam suas próprias terras. Eis que sou excelso em [meu] local de repouso, sobre meu trono. Sou Nu, e jamais serei deposto pelo Maligno. Sou o deus Shu que surgiu de matéria não formada. Minha alma é deus; minha alma é a eternidade. Sou o criador da escuridão, para ela determino um lugar de repouso nos confins mais remotos do céu. Sou o príncipe da eternidade, sou o excelso [em] Nebu. Rejuvenesço em [minha] cidade, rejuvenesço em minha morada. Meu nome é "O que nunca falha". Meu nome é "Alma, Criador de Nu, que faz sua morada no submundo". Meu ninho não é visto, não rompi meu ovo. Sou Senhor de Milhões de Anos – fiz meu ninho nos confins mais remotos do céu. Desci até a terra de Seb. Eliminei minhas faltas. Vi meu pai como o senhor de Shautat. Quanto a Osíris Ani, que seu corpo habite Annu; que se manifeste para aqueles que estão com o iluminado no local do sepulcro em Amenta...".

Uma cabeça humana brotando de um lótus em uma lagoa.

[O CAPÍTULO DA] TRANSFORMAÇÃO EM UM LÓTUS. Diz Osíris Ani: "Sou o lótus puro que brota do deus da luz, o guardião das narinas de Rá, o guardião do nariz de Hathor. Avanço e me apresso atrás daquele que é Hórus. Sou aquele que é puro e vem do campo".

Um deus com um disco sobre a cabeça.

[O CAPÍTULO DA] TRANSFORMAÇÃO NQ DEUS QUE DÁ LUZ À ESCURIDÃO. Diz Osíris, o escriba Ani, triunfante: "Sou o cinturão da túnica do deus Nu, que brilha e projeta luz, que reside em sua presença e joga luz nas trevas, que une os dois guerreiros que vivem em meu corpo por meio do poderoso encantamento das palavras de minha boca, que levanta aquele que caiu – pois o que estava com ele no vale de Abtu caiu – e eu repouso. Lembrei-me dele. Carreguei o deus Hu para fora de minha cidade quando o encontrei, e aprisionei a escuridão graças a meu poder. Sustentei o Olho [do Sol] quando seu poder enfraquecia com a chegada do festival do 15º dia, e pesei Sut nas mansões celestiais ao lado do Ancião, que com ele se encontra. Agraciei Toth, na Morada do deus-lua, com tudo o que é necessário para a chegada do festival do 15º dia. Carreguei a coroa *ureret*; justiça e verdade vivem em meu corpo. Os meses são de esmeralda e cristal. Minha morada é entre os vales de safira. Sou a senhora que projeta luz na escuridão. Vim para trazer luz às trevas, e eis que agora há luz e fulgor. Iluminei a negritude e depus os destruidores. Rendi homenagem àqueles que estão nas trevas, e ergui os que choravam e que escondiam o rosto e que haviam caído. E, então, eles me olharam. Sou a Senhora, e não deixarei que tu ouças a meu respeito".

Prancha 29-30

Ani e sua esposa em pé, com as mãos erguidas em adoração, diante do deus Toth com *ankh*, "vida", sobre os joelhos e sentado em um trono em forma de pilone.

O CAPÍTULO EM QUE NÃO SE MORRE UMA SEGUNDA VEZ. DIZ OSÍRIS ANI, TRIUNFANTE: "Salve, Toth! O que aconteceu com os filhos sagrados de

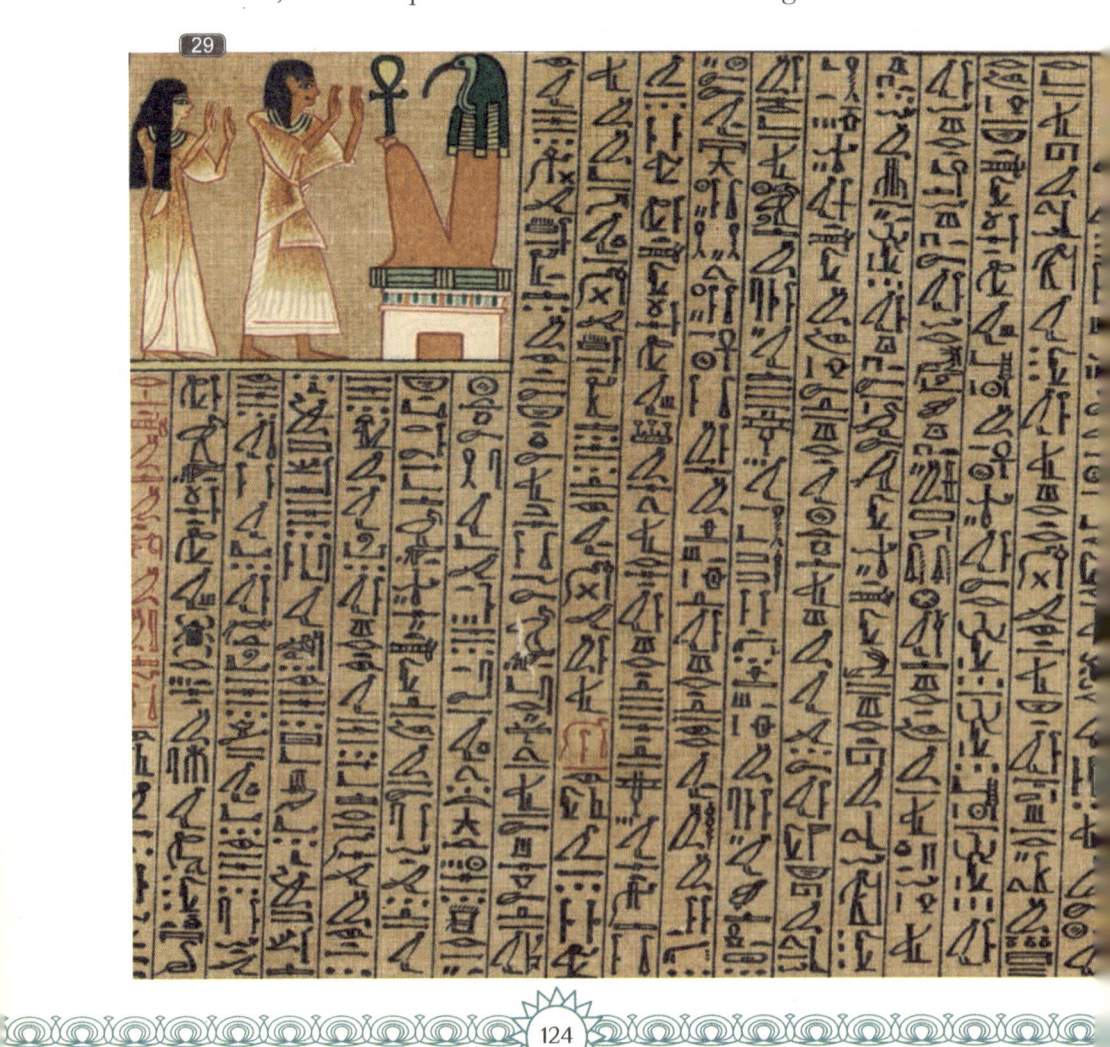

Nut? Travaram batalha, fomentaram conflito, praticaram o mal, criaram os monstros, mataram, causaram problema; na verdade, em todos os seus atos, os poderosos trabalharam contra os fracos. Concede, Ó poderoso Toth, que [seja feito] o que decretou o deus Tmu! E tu não consideras o mal, tampouco és levado à ira quando os anos culminam em confusão e aglomerações que perturbam os meses; pois em tudo que eles fizeram a ti, secretamente maquinavam a iniquidade. Sou tua paleta de escrever, Ó Toth, e trago-te teu tinteiro. Não sou como aqueles que maquinam a iniquidade em lugares secretos; que o mal não se abata sobre mim".

Diz Osíris, o escriba Ani: "Salve, Tmu! Que espécie [de terra] é esta para a qual vim? Não possui água, não possui ar; é profunda e insondável, é negra como a mais negra das noites, e os homens vagam, indefesos, por ela. Nela um homem não pode viver com paz no coração; tampouco podem os anseios do amor ser nela satisfeitos. Mas permiti que o estado dos iluminados seja a mim concedido, para que eu tenha água, ar e a satisfação dos anseios do amor, e que seja a mim concedida paz no coração, para que eu tenha pão e cerveja. O deus Tmu decretou que eu veja sua face, e não sofrerei dos males que o afligem. Que os deuses permaneçam em seus tronos por milhões de anos. Teu trono coube a teu filho Hórus. O deus Tmu decretou que os príncipes puríssimos seguissem seu curso. Na verdade, ele governará sobre teu trono, e será o herdeiro do trono daquele que habita o Lago de Fogo. Foi decretado que em mim ele verá sua imagem, e meu rosto vislumbrará o senhor Tmu. Quanto tempo tenho para viver? É decretado que tu viverás milhões e milhões de anos, uma vida de milhões de anos. Que eu me junte aos puríssimos príncipes, pois me liberto de tudo o que fiz quando a terra surgiu a partir de Nu, e quando brotou do abismo aquoso no longínquo passado. Sou o Destino (?) e Osíris, e mudei de forma para me parecer com as serpentes. O homem não sabe e os não deuses não veem a dupla beleza que fiz para Osíris, que é mais grandioso que todos os deuses. Concedi que ele [governe] na montanha dos mortos. Em verdade, seu filho Hórus está sentado no trono daquele que habita o duplo Lago de Fogo, como herdeiro. Estabeleci seu trono no barco de milhões de anos. Hórus está sentado em seu trono, em meio aos amigos [de Osíris] e tudo o que lhe pertence. Em verdade, a alma de Sut, que é maior que todos os deuses, partiu para [Amenta]. Que me seja permitido comandar sua alma no barco divino segundo minha vontade... Ó meu Osíris, fizeste por mim o que teu pai Rá fez por ti. Que eu habite a terra eternamente; que tome posse de meu trono; que meu herdeiro seja forte; que minha tumba e meus amigos que estão na terra prosperem; que meus inimigos sejam destruídos e acorrentados pela deusa Serq! Sou teu filho, e Rá é meu pai. Ofereceste-me vida, força e saúde. Hórus está sentado em seu trono. Que os dias de minha vida sejam de veneração e honra".

Ani e a esposa, Thuthu, em pé, mãos erguidas em adoração a Osíris, diante de uma mesa de oferendas.

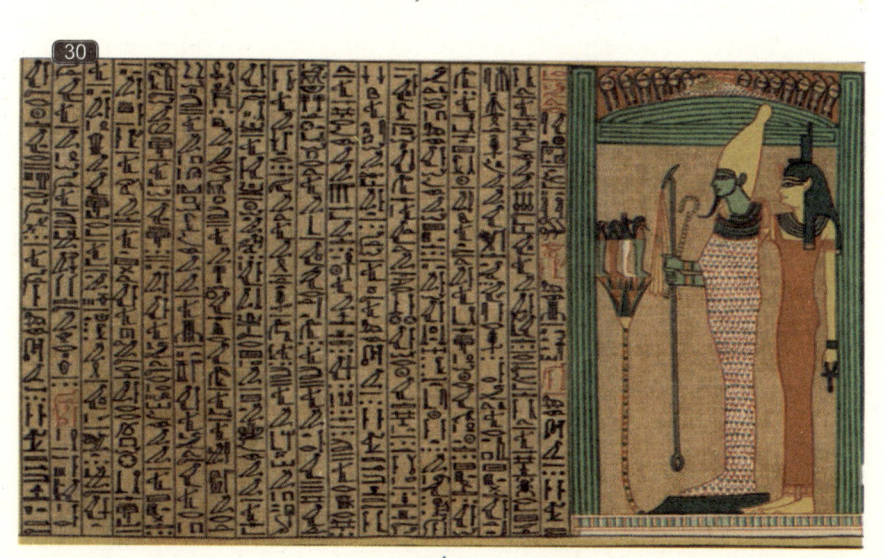

O CAPÍTULO EM QUE SE ENTRA NO PALÁCIO DA DUPLA JUSTIÇA E VERDADE: um hino de louvor a Osíris, o que habita Amentet. Osíris, o escriba Ani, triunfante, diz: "Vim e me aproximei para contemplar tuas belezas; minhas mãos se erguem em adoração de teu nome, Justiça e Verdade. Aproximo-me do local onde não cresce a acácia, onde não existe a árvore grossa com folhas, e onde do solo não brotam ervas ou gramas. Entrei no local das coisas secretas e ocultas, e conferenciei com o deus Sut... Osíris, o escriba Ani, entrou na Morada de Osíris, e viu as coisas ocultas e secretas que lá existem. Os governantes sagrados dos pilones têm a forma dos iluminados. Anúbis lhe falou com voz de homem, quando ele veio de Ta-mera, dizendo: 'Ele conhece nossos caminhos e nossas cidades; fui apaziguado, e o cheiro dele é para mim como o cheiro de um de vós'".

Ani lhe diz: "Sou Osíris, o escriba Ani, triunfante na paz, triunfante! Aproximei-me para contemplar os grandes deuses, e me alimento das refeições de sacrifício onde seus *kas* se alimentam. Passei pelas fronteiras [das terras] do Carneiro, o senhor de Tattu, e ele me permitiu ressurgir como um pássaro *bennu*, mas com o poder da fala. Atravessei a enchente do rio. Fiz oferendas com incenso. Segui meu caminho ao lado da árvore repleta de folhas, dos filhos (?). Estive em Abtu na Casa de Satet. Inundei e afundei o barco de meus inimigos. Velejei sobre o Lago no barco *neshem*. Vi os nobres de Kam-ur. Passei por Tattu, e me forcei ao silêncio. Coloquei a Forma divina sobre seus dois pés. Estive com o deus Pa-tep-tu-f, e vi o habitante do Templo Sagrado. Entrei na Morada de Osíris, e vesti o traje daquele que ali se encontra. Entrei em Re-Stau, e contemplei as coisas ocultas que ali existem. Fui envolto em faixas, mas descobri para mim uma estrada. Entrei em An-aarut-f, e me vesti dos trajes que ali encontrei. O unguento *antu* das mulheres me foi dado... Em verdade, Sut falou-me das coisas que lhe dizem respeito, e respondi:

'Que o pensar no julgamento de tua balança acalente nossos corações'".

A majestade do deus Anúbis diz: "Tu conheces o nome desta porta para que a mim se abra?" Osíris, o escriba Ani, triunfante na paz, diz: "'Afastada de Shu" é o nome desta porta'. Diz a majestade do deus Anúbis: "Conheces o nome da folha mais alta e da folha mais baixa?" [Osíris, o escriba Ani, triunfante na paz, diz]: "'Senhor de verdade e justiça, [ereta] sobre seus dois pés" é o nome da folha mais alta e "Senhor de força e poder, provedor de gado" [é o nome da folha mais baixa]'. [A majestade do deus Anúbis diz]: "Podes passar, pois tu conheces [os nomes], Ó Osíris, o escriba, conferente das oferendas divinas de todos os deuses de Tebas, Ani, triunfante, senhor que deve ser reverenciado".

O deus Osíris, barbado e portando a coroa branca, ereto em um santuário cujo telhado é encimado por uma cabeça de falcão e ureus; por trás de seu pescoço dependura-se o *menat*, e nas mãos ele carrega o cajado, o cetro e o mangual, emblemas de realeza, poder e domínio. Atrás de Osíris, a deusa Ísis, com a mão direita sobre o ombro direito do deus; na mão esquerda, ela segura o signo da vida. Diante de Osíris, sobre uma flor de lótus, os quatro filhos de Hórus, os deuses dos pontos cardeais: Mestha, Hapi, Tuamautef e Qebhsennuf.

Prancha 31-32

Estas pranchas mostram o Palácio da Dupla Justiça e Verdade, onde Ani deve se apresentar, sozinho, diante de 42 deuses, que estão sentados em uma fileira no meio da sala. Em cada extremidade do local há uma porta: a da direita se chama "Neb-Maat-heri-tep-retui-f" e a da esquerda "Neb-pehti-thesu-menment". No centro do telhado, coroado com uma série de ureus e penas emblemáticas de Maat, senta-se uma deidade com as mãos estendidas, a mão direita acima do olho de Hórus e a esquerda sobre uma lagoa. À direita, no fim da sala (Prancha 32), se encontram quatro vinhetas pequenas onde estão representados: (1) Duas figuras sentadas da deusa Maat, com [uma pena] que simboliza

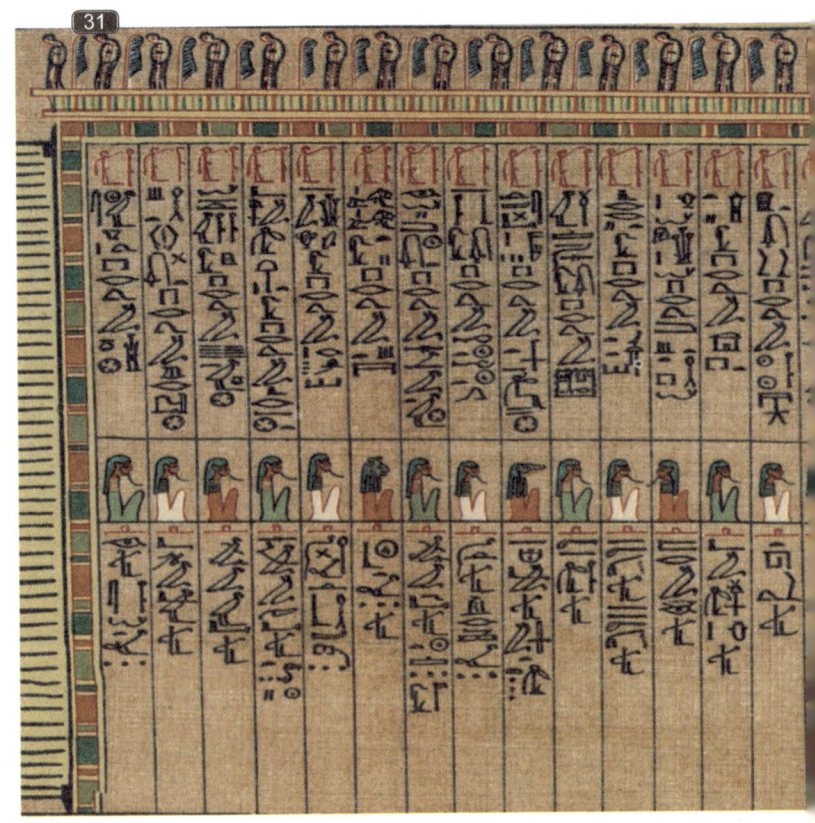

Prancha 31-32

a Justiça e a Verdade, sobre a cabeça, e cetros e emblemas da vida em ambas as mãos. (2) Osíris, sentado, usando a coroa *atef* e segurando nas mãos o cajado e o mangual. Diante dele, ao lado de um altar de oferendas, posiciona-se Ani, com as mãos erguidas em adoração. (3) Uma balança com o coração, simbolizando a consciência de Ani, em um prato, e [uma pena] emblemática da Justiça e da Verdade, no outro. Ao lado da balança está o monstro triforme Amemit. (4) Toth, cabeça de íbis, sentado em um pedestal em forma de pilone, pintando uma pena grande de Maat.

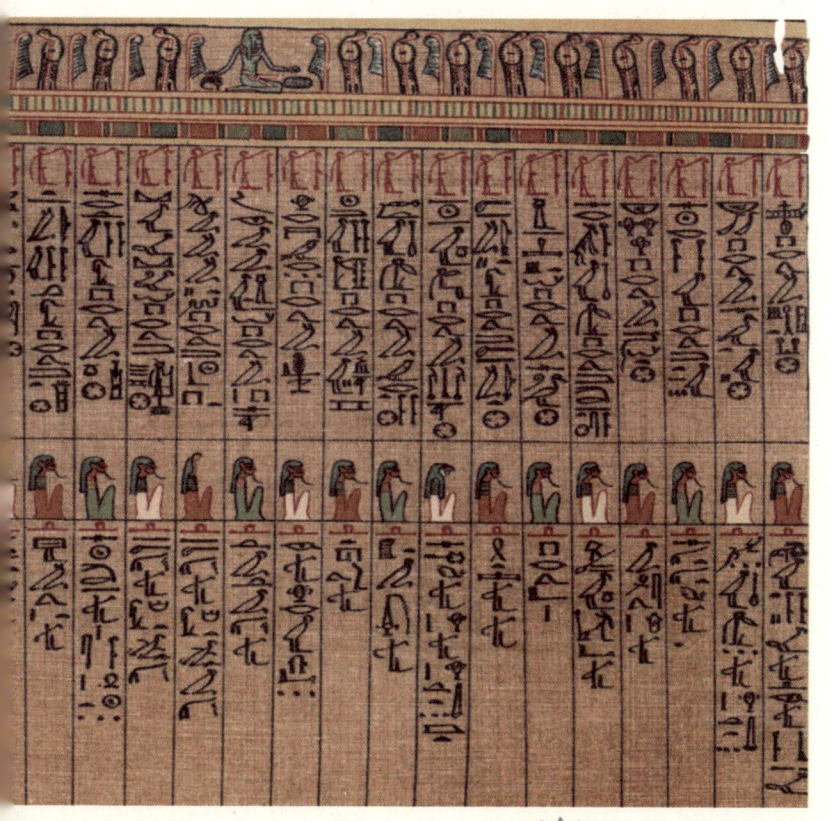

O deus Nu.

O cabelo de Osíris Ani, triunfante, é o cabelo de Nu.

Rá, cabeça de falcão, usando um disco.

A face de Osíris, o escriba Ani, é a face de Rá.

A deusa Hathor, usando disco e chifres.

Os olhos de Osíris Ani, triunfante, são os olhos de Hathor.

O deus Ap-uat e estandarte.

Os ouvidos de Osíris Ani, triunfante, são os ouvidos de Ap-uat.

O deus Anpu, cabeça de chacal.

Os lábios de Osíris Ani, triunfante, são os lábios de Anpu.

O escorpião Serqet, portando o *shen* e *ankh*.

Os dentes de Osíris Ani, triunfante, são os dentes de Serqet.

A deusa Ísis.

O pescoço de Osíris Ani, triunfante, é o pescoço de Ísis.

O deus com cabeça de carneiro, com ureus entre os chifres.

As mãos de Osíris Ani, triunfante, são as mãos do Carneiro, o senhor de Tattu.

O deus Uatchit, cabeça de serpente.

O ombro de Osíris Ani, triunfante, é o ombro de Uatchit.

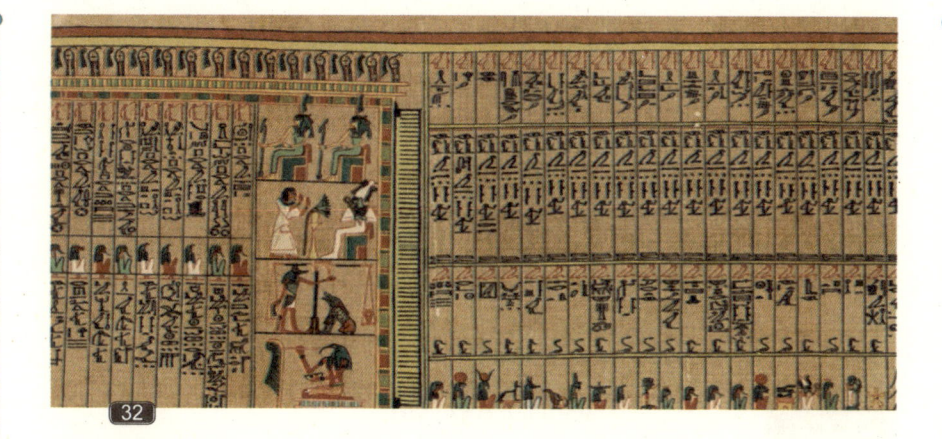

A deusa Mert, com as mãos estendidas, em pé sobre o emblema de ouro, com um buquê de plantas na cabeça.

A garganta de Osíris Ani, triunfante, é o sangue de Mert.

A deusa Neith.

Os antebraços de Osíris Ani, triunfante, são os antebraços da senhora de Saïs.

O deus Sut.

A espinha de Osíris Ani, triunfante, é a espinha de Sut.

Um deus.

O peito de Osíris Ani, triunfante, é o peito dos senhores de Kher-aba.

Um deus.

A carne de Osíris Ani, triunfante, é a carne do Poderoso do terror.

A deusa Sekhet, cabeça de leão, usando um disco.

As rédeas e as costas de Osíris Ani, triunfante, são as rédeas e as costas de Sekhet.

Um *utchat* sobre um pilone.

As nádegas de Osíris Ani, triunfante, são as nádegas do olho de Hórus.

Osíris, usando uma coroa *atef* e portando o mangual e o cajado.

O membro de Osíris Ani, triunfante, é o membro de Osíris.

A deusa Nut.

As pernas de Osíris Ani, triunfante, são as pernas de Nut.

O deus Ptá.

Os pés de Osíris Ani, triunfante, são os pés de Ptá.

A estrela Órion.

Os dedos de Osíris Ani, triunfante, são os dedos de Saah (Órion).

Três ureus.

Os ossos das pernas de Osíris Ani, triunfante, são os ossos das pernas dos ureus vivos.

[A CONFISSÃO NEGATIVA.]

Ani diz: "Salve, tu cujos passos são longos, que vens de Annu, não cometi iniquidade".

"Salve, tu que és envolto pela chama, que vens de Kheraba, não roubei com violência".

"Salve, Fentiu, tu que vens de Khemennu, não furtei".

"Salve, Devorador da Sombra, tu que vens de Qernet, não assassinei; não causei mal algum".

"Salve, Nehau, tu que vens de Re-Stau, não defraudei oferendas".

"Salve, deus na forma de dois leões, que vens do céu, não diminuí [*sic*] as oblações".

"Salve, tu cujos olhos são de fogo, que vens de Saut, não saqueei o deus".

"Salve, Chama, tu que vens e vais, não falei mentiras".

"Salve, Esmagador de ossos, tu que vens de Suten-henen, não surrupiei comida".

"Salve, tu que lanças a Chama, que vens de Het-Ptah-ka, não causei dor".

"Salve, tu cuja face se vira para trás, que vens de teu esconderijo, não causei derramamento de lágrimas".

"Salve, Bast, tu que vens do lugar secreto, não agi com falsidade".

"Salve, tu cujas pernas são de fogo, que vens da escuridão, não transgredi".

"Salve, Devorador de Sangue, que vens da rocha de sacrifício, não agi com malícia".

"Salve, Devorador das partes internas, que vens de Mabet, não destruí a terra arada".

"Salve, Senhor da Justiça e da Verdade, que vens da cidade de Justiça e Verdade, não bisbilhotei".

"Salve, tu que caminhas para trás, que vens da cidade de Bast, não movi meus lábios [contra homem algum]".

"Salve, Sertiu, que vens de Annu, não me zanguei nem me enfureci exceto por uma causa justa".

"Salve, tu, ser de dupla perversidade, que vens de Ati (?), não deflorei a esposa de homem algum".

"Salve, tu, serpente de duas cabeças, que vens da câmara de tortura, não deflorei a esposa de homem algum".

"Salve, tu que consideras aquilo que te trazem, que vens de Pa-Amsu, não me poluí".

"Salve, tu, Chefe dos poderosos, que vens de Amentet, não causei terror".

"Salve, tu, Destruidor, que vens de Kesiu, não transgredi".

"Salve, tu que ordenas a fala, que vens de Urit, não me inflamei de ira".

"Salve, Babe, tu que vens de Uab, não selei meus ouvidos contra as palavras de Justiça e Verdade".

"Salve, Kenemti, que vens de Kenemet, não causei sofrimento".

"Salve, tu que trazes tua oferenda, não agi com insolência".

"Salve, tu que ordenas a fala, que vens de Unaset, não provoquei conflito".

"Salve, Senhor das faces, que vens de Netchfet, não julguei apressadamente".

"Salve, Sekheriu, tu que vens de Utten, não bisbilhotei".

"Salve, Senhor dos dois chifres, tu que vens de Saïs, não multipliquei palavras em excesso".

"Salve, Nefer-Tmu, que vens de Het-Ptah-ka, não causei mal nem difamei".

"Salve, Tmu em tua hora, tu que vens de Tattu, nunca maldisse o rei".

"Salve, tu que trabalhas com tua vontade, que vens de Tebu, nunca poluí a água".

"Salve, tu, portador do sistro, que vens de Nu, não falei com menosprezo".

"Salve, tu que fazes a humanidade prosperar, que vens de Saïs, nunca maldisse Deus".

"Salve, Neheb-ka, que vens de teu esconderijo, não furtei".

"Salve, Neheb-nefert, que vens de teu esconderijo, não defraudei as oferendas dos deuses".

"Salve, tu que pões a cabeça em ordem, que vens de teu santuário, não saqueei as oferendas dos mortos sagrados".

"Salve, tu que trazes teu apoio, que vens da cidade de Maati, não surrupiei a comida do bebê, tampouco pequei contra o deus de minha cidade natal".

"Salve, tu cujos dentes são brancos, que vens de Ta-she, não sacrifiquei com má intenção o gado do deus".

Prancha 33

Um lago de fogo, em cada canto dele se senta um macaco com cabeça de cão.

RUBRICA: Osíris Ani, triunfante, que traja vestimentas [finas], que calça sandálias brancas e é ungido com o preciosíssimo unguento anta; e um touro, ervas, incenso, patos, flores, cerveja e bolos lhe são oferecidos. E eis que tu pintarás sobre uma telha limpa a imagem de uma mesa de oferendas em cores puras, e enterrarás em um campo suínos que não foram pisoteados. Se estas palavras forem escritas sobre o local, ele ressuscitará e os filhos de seus filhos florescerão, assim como Rá floresce incessantemente. Ele habitará, agraciado, na presença do rei em meio aos chefes, e lhe serão dados bolos e cálices de bebida e porções de carne sobre a mesa do grande deus. Ele não será jogado para fora de nenhuma porta em Amentet; viajará na companhia dos reis do Norte e do Sul, e residirá com os seguidores de Osíris perto de Un-nefer, para sempre, e para sempre, e para sempre.

Prancha 33

Um Tet (Djed).[104]

O CAPÍTULO DE UM TET DE OURO: Osíris Ani, triunfante, diz: "Tu te levantas, Ó coração plácido! Tu brilhas, Ó coração plácido! Colocas-te ao meu lado. Vim e te trouxe um tet de ouro, rejubila-te nele".

Uma fivela, ou fecho.

O CAPÍTULO DE UMA FIVELA DE CARNELIANA: Diz Osíris Ani, triunfante: "O sangue de Ísis, os amuletos de Ísis, o poder de Ísis, são uma proteção para mim, o chefe, e esmagam aquilo que abomino".

Um coração.

O CAPÍTULO DE UM CORAÇÃO DE CARNELIANA: Diz Osíris Ani, triunfante: "Sou o *Bennu*, a alma de Rá, e o guia dos deuses para o submundo. As almas vêm à Terra para cumprir a vontade de seus *kas*, e a alma de Osíris Ani vem cumprir a vontade de seu *ka*".

Uma almofada.

O CAPÍTULO DO TRAVESSEIRO QUE É COLOCADO SOB A CABEÇA DE OSÍRIS ANI, TRIUNFANTE, PARA BLOQUEAR AS DORES DO CADÁVER DE OSÍRIS. [Ani diz]: "Levanta a cabeça para os céus, pois te rejuntei triunfantemente. Ptá depôs seus inimigos e os teus também; todos os inimigos foram derrotados e nunca mais se levantarão, Ó Osíris".

---

104. O Tet (ou Djed) representa quatro pilares, isto é, os quatro quartos do céu, ou o universo inteiro. Como emblema religioso, simboliza o deus Osíris.

Pranchas 33 (Continuação) e 34

A câmara da múmia, mostrada em planta, representando o piso e as paredes, em 15 compartimentos. No centro, sob um toldo, está a liteira com a múmia de Ani, e ao lado dela se encontra o deus Anúbis,

Pranchas 33 (Continuação) e 34

com as mãos estendidas sobre o corpo. Aos pés da liteira ajoelha-se a deusa Ísis, e atrás da cabeça a deusa Néftis, cada uma delas acompanhada por uma chama, que é posta no compartimento logo atrás. O Tet ocupa o compartimento bem acima da liteira, e o chacal simbolizando Anúbis ou Ap-uat se deita na tumba, enquanto um cetro com *menats* pendurados ocupa o compartimento abaixo. Os quatro filhos de Hórus, ou deuses dos pontos cardeais, Mestha, Hapi, Tuamautef e Qebhsennuf, se posicionam nas quinas dos quatro compartimentos adjacentes. Em cada um dos quatro compartimentos superiores e externos aparece o pássaro com cabeça humana, emblema da alma, pousado em um pilone. O da direita se vira para o Oeste ou o sol poente; o da esquerda olha para o Leste, o sol nascente. No compartimento inferior direito está a figura da Alma Aperfeiçoada; no compartimento correspondente esquerdo se vê uma figura Ushabti.

[Anúbis, que habita a região dos embalsamados, o chefe da casa sagrada, impõe as mãos sobre o senhor da vida (a múmia), e lhe dá tudo o que lhe pertence, e diz: "Salve, tu que és belo, o senhor! Foste vislumbrado pelo olho do Sol, foste enfaixado por Ptah-Seker e refeito por Anúbis; o sopro de vida te foi dado por Shu, e foste ressuscitado pelo belo, o Príncipe da eternidade. Já tens teus olhos. Teu olho direito está no barco *sektet*, e o esquerdo no barco *atet*. Tuas sobrancelhas se mostram claras diante da assembleia dos deuses. Teu semblante é zelado por Anúbis. A parte de trás de tua cabeça é bem cuidada na presença do falcão sagrado. Teus dedos são fixados por decreto escrito na presença do senhor de Khemennu, e Toth te concede a fala dos livros sagrados. Teu cabelo é bem cuidado na presença de Ptah-Seker. Osíris está em êxtase, e é reverenciado diante da assembleia dos grandes deuses. Ele vislumbra o grande deus, é conduzido por caminhos justos e se fortifica com refeições da tumba, e seus inimigos são derrotados na presença da assembleia dos grandes deuses que se encontram na grandiosa morada do ancião em Annu"].[105]

[Ísis diz:] "Vim para ser tua protetora. Sopro o ar em tuas narinas e o vento do norte que vem do deus Tmu em teu nariz. Vim para refazer

---

105. As palavras ditas por Anúbis são tiradas de um capítulo no papiro Nebensi. (ed.)

teus pulmões. Fiz de ti um deus. Teus inimigos sucumbiram sob meus pés. Tu és vitorioso em Nut, e tens poder acima dos deuses".

[Néftis diz:] "Vim para te proteger, irmão Osíris; vim para ser tua protetora. [Minha força estará por trás de ti, minha força estará por trás de ti para sempre. Rá ouviu teu pranto, e os deuses te concederam a vitória. Ressuscitaste e venceste o mal que te foi feito. Ptá derrubou teus inimigos, e tu és Hórus, o filho de Hathor"].[106]

[A chama de Ísis diz:] "Eu te protejo com esta chama, e afasto aquele (o inimigo) do vale da tumba, e removo a areia de teus pés. Abraço Osíris Ani, que é triunfante na paz e na justiça e na verdade".

[A chama de Néftis diz:] "Vim para cortar em pedaços. Não estou cortada em pedaços, tampouco deixarei que tu sejas cortado em pedaços. Vim para fazer violência, mas não deixarei que tu sofras violência, pois aqui estou para te proteger".

[O Tet diz:] "Vim rapidamente, afastei os passos do deus cuja face é oculta. Iluminei o santuário. Coloco-me por trás do Tet sagrado, ou o dia em que se repele o desastre. Eu te protejo, Ó Osíris".

[Mestha diz:] "Sou Mestha, teu filho, Ó Osíris Ani, triunfante. Vim para te proteger e farei com que tua morada prospere para sempre. Comandei Ptá, como o próprio Rá o comandou".

[Hapi diz:] "Sou Hapi, teu filho, Ó Osíris Ani, triunfante. Vim para te proteger. Tua cabeça e teus membros foram rejuntados, dizimei teus inimigos. Dou a ti tua cabeça, para sempre e para sempre. Ó Osíris Ani, triunfante na paz".

[Tuamautef diz:] "Sou teu filho amado Hórus, vim para vingar-te, Ó meu pai Osíris, contra aquele que te fez mal; e o rebaixei sob teus pés para sempre, e para sempre, e para sempre, Ó Osíris Ani, triunfante na paz".

[Qebhsennuf diz:] "Sou teu filho, Ó Osíris Ani, triunfante. Vim para te proteger. Juntei teus ossos, e juntei teus membros. [Trouxe-te teu coração e o coloquei no trono dentro de teu corpo. Fiz tua morada prosperar depois de ti, Ó tu que vives para sempre"].

---

106. Em Ani, o texto está corrompido e a passagem em parênteses é traduzida da seguinte versão: Naville, *Todtenbuch*, Bd. II., Bl. 428.

[O pássaro que olha para o sol poente diz:] "Louvores a Rá, que se põe na parte oeste do céu. Osíris Ani, triunfante na paz no submundo, diz: 'Sou uma alma aperfeiçoada'".

[O pássaro que olha para o sol nascente diz:] "Louvores a Rá, que nasce na parte leste do céu, da parte de Osíris Ani, triunfante".

[A Alma Aperfeiçoada diz:] "Sou uma alma aperfeiçoada no ovo sagrado do peixe abtu. Sou o grandioso gato que habita a casa da justiça e da verdade, onde se levanta o deus Shu".

[O texto perto da Figura Ushabti diz:] Osíris Ani, o zelador, triunfante, diz: "Salve, figura *shabti*! Se for decretado que Osíris [Ani] faça qualquer obra que deve ser feita no submundo, que qualquer empecilho seja removido de seu caminho, seja o arado nos campos, o enchimento dos canais com água, ou o carregamento de areia do [Leste para o Oeste]". A figura *shabti* retruca: "Assim [o] farei; em verdade, para cá eu vim [quando] me chamaste".

Ani, com as mãos em adoração, em pé diante de uma mesa de oferendas; atrás dele, sua esposa segura um lótus e outras flores na mão esquerda.

AQUI COMEÇAM OS CAPÍTULOS DO SEKHET-HETEPU, E OS CAPÍTULOS DA RESSURREIÇÃO, E DA ENTRADA E SAÍDA DO SUBMUNDO, E DA CHEGADA A SEKHET-AANRU, E DO SENTIMENTO DE PAZ NA GRANDE CIDADE ONDE HÁ BRISAS REFRESCANTES. Que lá eu tenha poder. Que lá eu me torne forte para arar a terra. Que possa colher. Que possa comer. Que possa beber. [Que possa cortejar.] E que possa fazer todas essas coisas lá, como são feitas na terra.

Diz Osíris Ani, triunfante: "Set arrebatou Hórus para que ele veja o que está sendo construído no Campo de Paz, e espalhou o ar sobre a alma divina dentro do ovo, em seu dia. Libertou a parte mais íntima do corpo de Hórus dos seres puros de Akert (?). Eis que velejei no barco poderoso sobre o Lago da Paz. Eu, sim, eu, o coroei na Casa de Shu. Sua morada estrelada se renova, renova a própria juventude. Velejei em seu Lago e cheguei às cidades, e me aproximei da cidade Hetep. Pois eis que repouso nas estações [de Hórus]. Passei pela região da assembleia dos deuses que estão envelhecidos e vulneráveis. Apaziguei os dois Guerreiros sagrados[107] que vigiam a vida. Fiz o que é correto e justo. Arranquei o couro cabeludo de seus adversários, e atirei para trás os sofrimentos que afligiam [seus] filhos. Extirpei todo o mal que ameaçava suas almas; adquiri domínio sobre ele, e tenho conhecimento dele. Velejei avante nas águas [do lago] para chegar às cidades. Tenho poder sobre minha boca, pois sou provido [de] amuletos; que [os monstros] não me importunem, que não exerçam domínio sobre mim. Que eu receba provisões em teus Campos de Paz. O que tu desejares, tu farás, [diz o deus]".

---

107. Hórus e Set.

Prancha 35

Os Sekhet-hetepet, ou "Campos de Paz", cercados e entrecortados por riachos. Eles contêm o seguinte:

Toth, o escriba dos deuses, segurando pena e paleta, apresenta Ani, que faz uma oferenda, e seu *ka* aos três deuses com cabeça de lebre, serpente e touro, respectivamente, e são chamados *pauti*, "a assembleia dos deuses". Ani e uma mesa de oferendas em um barco. Ani dirigindo-se a um falcão sobre um pedestal em forma de pilone, diante do qual há um altar e um deus. Três ovais. A legenda diz: "Está em paz no Campo [de Paz] e respira ar pelas narinas".

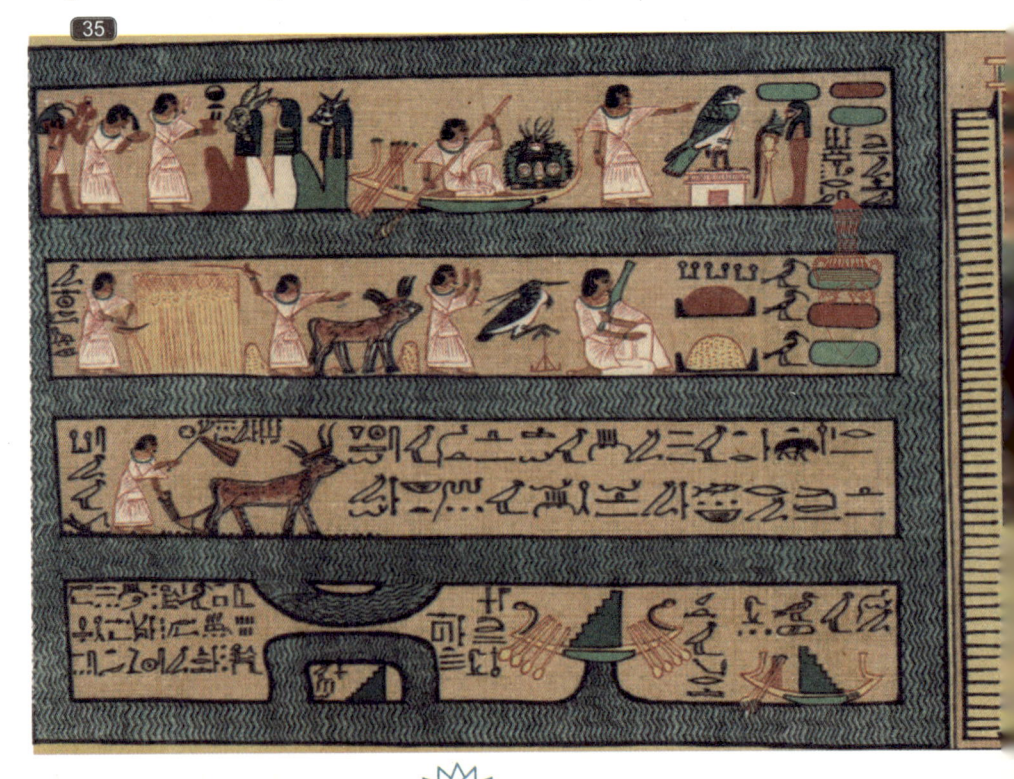

Ani colhendo trigo, com as palavras "Osíris colhe"; guiando os bois no trabalho com o milho; em pé com as mãos em adoração atrás do pássaro *bennu*, segurando o cetro *kherp* e ajoelhado diante de dois vasos de cevada vermelha e trigo. Os hieróglifos parecem significar: "o alimento dos iluminados". Três ovais.

Ani arando a terra com bois em uma parte dos Campos de Paz chamada "Sekhet-aanre"; com a palavra *sekau*: arar. As duas linhas de hieróglifos dizem: "Capítulo do cavalo do Rio. O rio tem mil [cúbitos] de comprimento. Não se sabe sua largura. Nele não existem peixes, nem [existem] serpentes".

Um barco transportando uma escada e boiando em um riacho. Um barco de oito remos, cuja extremidade tem a forma de uma cabeça de serpente, transportando uma escada;... na proa [está escrito] *meter am Un-nefer*, "o deus ali é Un-nefer". O riacho que corre no lado convexo da pequena ilha se chama *ashet pet*, "enchente (?) do [céu]". Na outra ilha há uma escada. O espaço à esquerda representa a morada dos mortos abençoados, e é descrito nestes termos: "A sede dos iluminados. Seu comprimento é de sete cúbitos de trigo para três cúbitos dos mortos abençoados que, estando perfeitos, [o] colhem".

Pranchas 35 (Continuação) e 36

No lado esquerdo de um salão, Ani está diante de duas mesas de oferendas com água para libação e flores de lótus, com as mãos erguidas em adoração a Rá, que tem cabeça de falcão (ver página 147). Em seguida, se destacam sete vacas, todas agachadas diante de uma

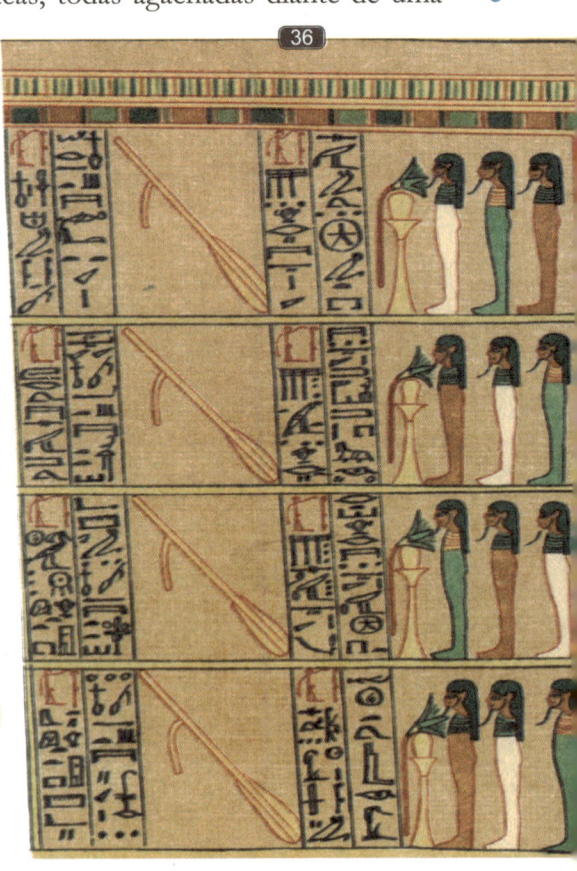

Pranchas 35 (Continuação) e 36

mesa de oferendas e cada uma com um menat atrelado ao pescoço,[108] e um touro diante de uma mesa de oferendas. Atrás delas, quatro timoneiros; no canto direito extremo, quatro tríades de deuses, cada uma contendo uma mesa de oferendas com um vaso de libação e uma flor de lótus (?).

108. Em outros papiros, os nomes desses animais significam o seguinte: "o habitante dos *kas* do senhor do universo"; "órbita, o nascer do deus"; "aquela que é oculta em sua morada"; "o nobre divino do Norte (?)"; "o que é grandemente amado, de cabelo vermelho"; "consorte da vida"; "seu nome prevalece em sua morada"; "Touro, que torna férteis as vacas".

Diz Osíris Ani, triunfante: "Honras a ti, Ó tu senhor, senhor da justiça e da verdade, o Único, o senhor da eternidade e criador da infinidade. Vim até ti, Ó meu senhor Rá. Fiz oferendas de carne às sete vacas e a seu touro. Ó vós, que dais bolos e cerveja aos iluminados, concedei que minha alma esteja convosco. Que Osíris Ani, triunfante, nasça sobre vossas coxas; que seja como vós para sempre e para sempre; e que ele se torne um ser glorioso na beleza de Amenta".

[Palavras aos Timoneiros]: "Salve, tu belo Poder,[109] tu belo timoneiro do norte do céu".

"Salve, tu que percorres o céu, piloto do mundo, belo timoneiro do oeste do céu".

"Salve, tu, iluminado, que vives no templo onde se encontram os deuses em formas visíveis, belo timoneiro do leste do céu".

"Salve, tu que habitas o templo daqueles cujas faces reluzem, tu belo timoneiro do sul do céu".

[Palavras às quatro Tríades]: "Saudações a vós, deuses acima da Terra, pilotos do submundo".

---

109. Variante: "seu belo *ka*".

"Saudações a vós, deuses-mãe acima da Terra, que estais no submundo e sois a Morada de Osíris".

"Saudações, vós deuses, pilotos de Tasert, que estais acima da Terra, pilotos do submundo".

"Saudações a vós, seguidores de Rá, que estais no cortejo de Osíris".

Ani diante de uma mesa de oferendas, com as mãos erguidas em adoração. Atrás dele está sua esposa, vestindo uma flor de lótus e um cone sobre a cabeça, e segurando um sistro e uma flor de lótus na mão esquerda.

UM HINO DE LOUVOR A OSÍRIS QUE HABITA AMENTET, UN-NEFER EM ABTU, OSÍRIS ANI, TRIUNFANTE, DIZ: "Salve, Ó meu senhor, tu que atravessas a eternidade e cuja existência dura para sempre. Salve, Senhor dos Senhores, Rei dos Reis, Príncipe, o Deus dos deuses que contigo vivem, eu vim até Ti... Faze para mim um assento em meio àqueles que estão no submundo, e que veneram as imagens de teu *ka*, e que se encontram entre aqueles que [perduram] por milhões de milhões de anos...[110] Que nada me atrase em Ta-mera. Deixa que todos venham a mim, grandes ou pequenos. Que tu concedas ao *ka* de Osíris Ani [o poder] de ir e vir do submundo; e que ele não seja barrado ante os portões do Tuat".

---

110. O texto de toda esta passagem está corrompido e a versão dada aqui é meramente uma sugestão.

Prancha 37

Um santuário onde se posiciona Seker-Osíris, senhor do lugar oculto, o grande deus, o senhor do submundo. Ele carrega a coroa branca com penas e segura nas mãos o cetro, o mangual e o cajado.

A deusa Hathor, na forma de um hipopótamo, usando sobre a cabeça um disco e chifres; na mão direita, ela porta um objeto não identificado, e na esquerda o emblema da vida. À sua frente há mesas de oferendas de carne e bebida e flores. Atrás do hipopótamo, a vaca divina, Meh-urit, simbolizando a mesma deusa, observa a partir da montanha funerária, e usa o *menat* no pescoço. Ao sopé da montanha se encontra a tumba, e à frente crescem plantas floridas.

Hathor, senhora de Amentet, que habita a terra de Urt, senhora de Ta-sert, o Olho de Rá, habitante do semblante dele, a bela Face no Barco de Milhões de Anos... [111]

---

111. As poucas palavras restantes estão corrompidas.

Prancha 37

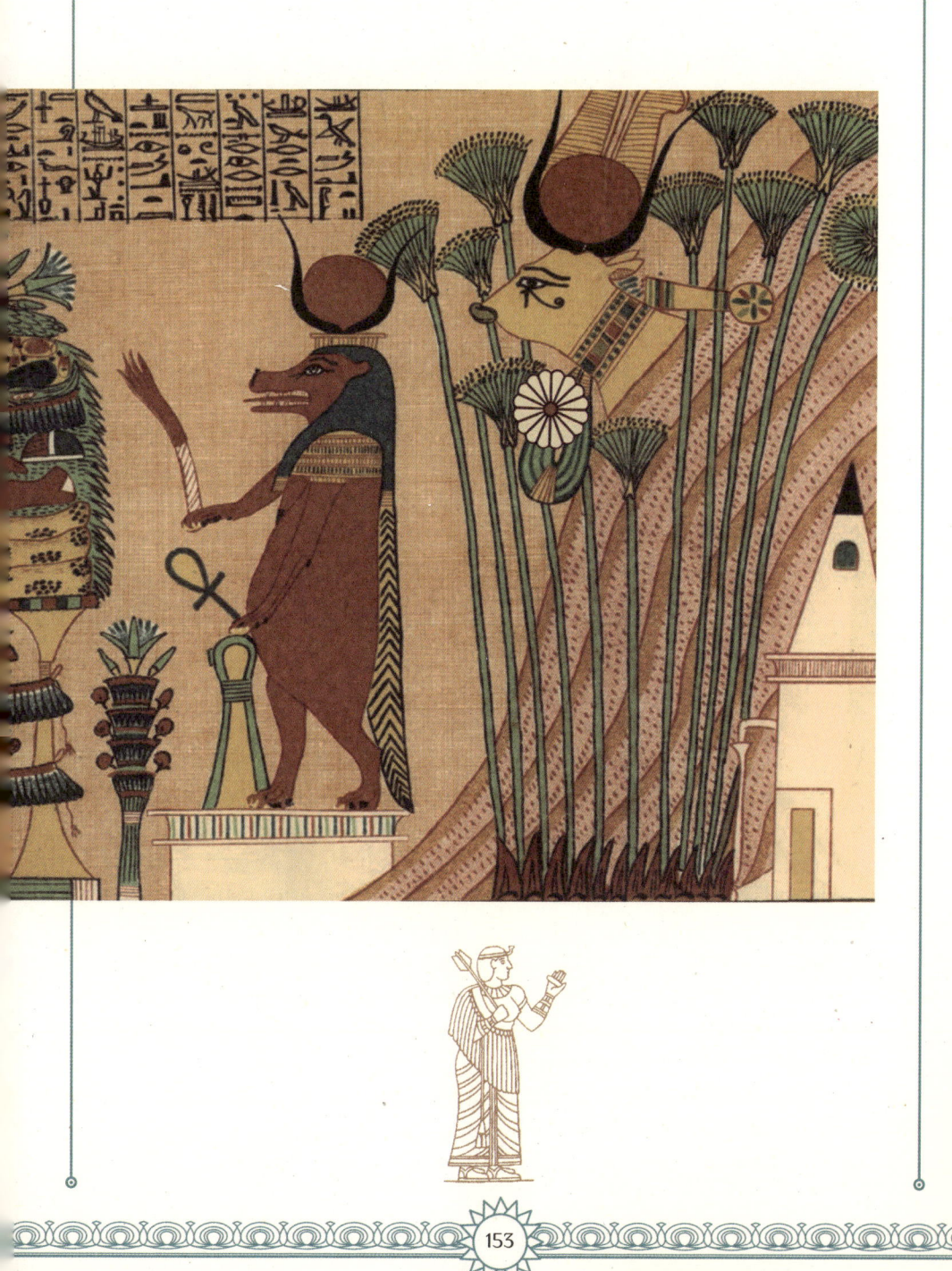

Glossário

Abertura da boca – um rito cerimonial para restaurar os sentidos do falecido, permitindo que ele/ela coma as oferendas deixadas na tumba para sustentar o *ka*. Também possibilitava ao falecido recitar as proclamações apropriadas no *Livro dos Mortos* e se dirigir aos vários deuses na jornada pelo submundo pelo nome de cada um.

Abidos – segundo a tradição, o local onde foi enterrada a cabeça de Osíris.

Abtu e **ant** (peixes) – peixes mitológicos que acompanhavam Rá, o deus-sol, quando ele iniciava sua jornada pelo céu ao nascer do sol, em sua barca celestial.

Akh (ou *khu*) – o *akh* ganhava uma realidade tangível por meio do reencontro do *ka* e do *ba* do falecido.

Amenta – originalmente o local onde o sol se põe, o nome passou a ser aplicado a cemitérios e tumbas na margem oeste do Nilo.

Ammit – parte crocodilo, parte leão, parte hipopótamo, ela era a "devoradora dos mortos" e vivia em Amenta, onde participava do ritual da "pesagem do coração".

Amon (ou Amun, ou Amen) – conhecido como o "rei dos deuses", Amon era o deus de Tebas; o vasto templo dedicado a ele em Karnak se encontra na margem oeste do Nilo, de frente para Tebas (atual Luxor).

Ankh – a palavra egípcia para "vida"; seu hieróglifo é uma cruz com uma volta em cima.

Annu – uma das cidades e centros de cultos mais antigos no Antigo Egito, geralmente chamada pelo nome grego de Heliópolis ("Cidade do Sol"). Annu é mencionada com frequência no *Livro dos Mortos*. Segundo Budge, o corpo de Osíris "repousava em Annu" e os mortos faziam sua jornada até Annu, "onde as almas se juntavam a seus corpos... e os abençoados mortos viviam de alimentos celestiais para sempre".

Glossário

Anúbis – o deus com cabeça de chacal, que após ajudar Ísis a embalsamar o corpo de Osíris depois de Set assassinar e esquartejar o irmão, passou a ser associado à mumificação dos mortos. Como protetor dos falecidos em sua jornada até a vida após a morte, Anúbis é representado em várias cenas no *Livro dos Mortos*, inclusive em rituais da "abertura da boca" e da "pesagem do coração".

Apep – o inimigo de Rá, o deus-sol. Geralmente representado por uma serpente gigante, Apep simboliza a escuridão, nuvens ou qualquer coisa com o potencial de obscurecer o sol em sua jornada diária pelo céu. Diz-se também que ele luta contra o deus-sol à noite, durante a jornada de Rá rumo ao leste, ao longo do Duat ou submundo.

Ba – a alma ou espírito, que entra em cada indivíduo com o sopro da vida. Quando o corpo físico morre, o *ba* consegue se mover livremente entre o Submundo e o mundo dos vivos. No *Livro dos Mortos*, é descrito como um pássaro pequeno com cabeça humana.

Bennu (o pássaro) – seria a alma do deus-sol Rá, que criou a si próprio a partir de um fogo aceso no templo de Rá. Segundo outro mito, o pássaro *bennu* brotou do coração de Osíris.

Cetro – algumas vinhetas mostram Ani segurando o cetro *kherp*; originalmente um taco usado em batalhas, o cetro se tornou um símbolo de poder divino.

Coroa – a coroa tripla ou *atef*, citada no *Livro dos Mortos*, é composta de um cone central alto com uma pena em cada lado. Usada por reis e deuses, ela é particularmente associada a Osíris.

Filhos de Hórus – os deuses Mestha, Hapi, Tuamautef e Qebhsennuf eram os deuses dos quatro pontos cardeais (norte, sul, leste e oeste). Também protegiam os órgãos internos do morto após serem removidos no processo de mumificação, motivo por que suas cabeças enfeitam as tampas dos vasos canópicos (os receptáculos onde os órgãos internos eram preservados).

Geb – o deus da Terra, pai de Ísis, Osíris, Néftis e Set.

Hathor – geralmente representada na forma de uma vaca com o disco solar entre os chifres, ela era a deusa do amor e da beleza. Em Tebas, era vista como uma deusa dos mortos e, nessa condição, aparece emergindo da montanha de Manu na vinheta final do *Livro dos Mortos* de Ani.

Hórus – filho de Ísis e Osíris; depois que Osíris foi morto por Set, Hórus vingou o pai derrotando Set e assumindo o trono de Osíris. (*Ver também* Olho de Hórus, Filhos de Hórus.)

Ísis – filha da deusa do céu Nut e do deus da terra Geb; Ísis era irmã e esposa de Osíris, e a mãe de Hórus. Era a principal deusa do panteão egípcio, reverenciada como protetora dos vivos e dos mortos. O culto a Ísis se estendeu para fora do Egito, até o mundo greco-romano.

Ka – a força vital ou espírito. Assim como o *ba*, o *ka* vivia após a morte do corpo físico, mas permanecia na tumba com a múmia do falecido e não desfrutava a liberdade de movimento como o *ba*.

Khepri – uma forma do deus-sol Rá. Khepri costuma ser representado com uma figura com cabeça de escaravelho porque a maneira como fazia o sol girar em sua órbita parecia com o que o escaravelho, ou besouro da sujeira, faz com uma bola de poeira contendo seus ovos, escondendo-o em um buraco na terra; quando os ovos chocam, os bebês escaravelhos saem do buraco. Khepri é associado ao sol nascente, que emerge da Terra a cada manhã após sua passagem noturna pelo submundo.

Ma'at – a ordem cósmica, simbolizada pela pena na balança, contra a qual é pesado o coração do falecido na cena do julgamento no *Livro dos Mortos*. Maat também é personificada como a deusa da harmonia e da justiça; ela usa uma pena de avestruz no cabelo.

Manu – o nome dado ao horizonte oeste e à região em que o sol se põe.

Menat – um objeto cerimonial frequentemente associado à deusa Hathor, composto de vários cordões de contas presas a um disco e um cabo ou contrapeso. Podia ser levado na mão ou usado como colar, quando então o contrapeso ficava nas costas da

GLOSSÁRIO

pessoa. Quando balançadas, as contas produziam um som de chocalho para acompanhar música ou dança.

Néftis – filha da deusa do céu Nut e do deus da Terra Geb, irmã de Ísis, Osíris e Set.

Nut – a deusa do céu, mãe de Ísis, Osíris, Néftis e Set.

Olho de Hórus (também conhecido como *utchat* ou *wedjat*) – Hórus perdeu um olho em uma luta com Set, mas depois o recuperou. Como esse olho foi resgatado, tornou-se um símbolo de cura e proteção.

Osíris – filho da deusa do céu Nut e do deus da terra Geb, Osíris era irmão e marido de Ísis, e pai de Hórus. Como senhor e governante do Duat ou Submundo, ele é o protetor e guia dos mortos. Costuma ser representado portando um cajado e um mangual, e com a coroa *atef* na cabeça, os três símbolos de realeza. Às vezes aparece com pele verde, lembrando que é também um deus da vegetação e da fertilidade.

Ptá – um deus com poderes criativos, que deu existência às coisas pensando nelas e pronunciando seus nomes com a própria língua. Seu nome significa "Abridor" e acredita-se que foi ele quem elaborou o ritual da "abertura da boca".

Rá (ou Ré) – um deus-sol. Sua vitória sobre Apep preserva a ordem cósmica e garante a continuidade da vida.

Seb – um nome alternativo para o deus da terra Geb.

Set (ou Seth) – filho de Nut e Geb, e o irmão e assassino de Osíris.

Shu – Shu e sua irmã/esposa Tefnut foram os primeiros deuses criados por Aton, o primeiro de todos os deuses. Como deus do ar, Shu às vezes aparece sustentando a abóbada celeste, separando o céu da terra.

Sistro – um instrumento musical composto de um cabo, encimado por uma estrutura em nó contendo fileiras de pequenos discos de metal que, quando chacoalhados, produziam um som tilintante. Era usado em muitas cerimônias religiosas, principalmente associadas à deusa Hathor.

Tefnut – Tefnut e seu irmão/marido Shu foram os primeiros deuses criados por Aton, o primeiro de todos os deuses. Como deusa da umidade (ou da chuva) e do ar, ela às vezes aparece ajudando Shu a sustentar a abóbada celeste.

Toth – o deus do conhecimento e da sabedoria, com cabeça de íbis. Inventor da escrita e escriba/guarda-registros dos deuses. Toth costuma aparecer segurando uma paleta de escriba e uma pena (como na cena da "pesagem do coração" no *Livro dos Mortos*). Era também o mensageiro dos deuses, o que levou os gregos a associarem-no ao deus grego Hermes.

Tuat (ou Duat) – o submundo, também conhecido como Akert, Ta-sert, ou Neter-khert.

Ureu – nome grego da cobra empinada, o símbolo de realeza, que adorna a testa ou a coroa dos reis e deuses.

Utchat – Ver olho de Hórus.

Leitura Recomendada

O Grande Livro da Mitologia
Histórias de Deuses e Heróis

Thomas Bulfinch

Publicado pela primeira vez em 1855, essa obra já foi lida por milhares de leitores em todo o mundo, que tomaram contato com grandes mitos da Grécia e de Roma, lendas antigas da mitologia nórdica, contos medievais e cavalheirescos, fábulas orientais, entre outros. Agora, a Madras Editora traz essa edição, com uma tradução moderna, sem perder a essência da linguagem e do pensamento do autor.

O Grande Livro dos Mistérios Antigos

Peter James e Nick Thorpe

Durante séculos, filósofos, cientistas e charlatães tentaram decifrar os mistérios desconcertantes do nosso passado, de Stonehenge ao continente perdido da Atlântida. Hoje, no entanto, testes de DNA, datação por radiocarbono e outras ferramentas de investigação de ponta, juntamente com uma dose saudável de bom senso, estão nos guiando para mais perto da verdade.

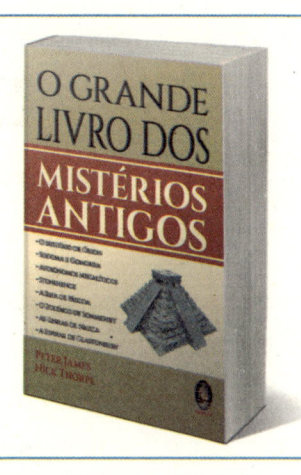

O Grande Livro dos Deuses e Deusas
Mais de 130 Divindades e Lendas da Mitologia Mundial

Elizabeth Hallam

Em *O Grande Livro dos Deuses e Deusas*, ela traz uma seleção com mais de 130 dessas divindades, que destaca suas funções especiais e esferas de influência. Originários das tradições religiosas da Grécia clássica e da Índia contemporânea, das Américas, da Oceania, da Europa e da Ásia oriental, da África e do Egito Antigo, eles refletem nossa necessidade profunda de uma dimensão espiritual para nossas vidas cotidianas.

www.madras.com.br

MADRAS® Editora

Para mais informações sobre a Madras Editora,
sua história no mercado editorial
e seu catálogo de títulos publicados:

Entre e cadastre-se no site:

www.madras.com.br

Para mensagens, parcerias, sugestões e dúvidas, mande-nos um e-mail:

marketing@madras.com.br

SAIBA MAIS

Saiba mais sobre nossos lançamentos,
autores e eventos seguindo-nos no facebook e twitter:

@madrased

/madraseditora